Dr. Kira Klenke

GUTE VORSÄTZE WIRKLICH UMSETZEN!

Schirner Verlag

Wir verzichten auf das Einschweißen unserer Bücher – **UNSERER UMWELT ZULIEBE!**

ISBN Printausgabe 978-3-8434-1488-3
ISBN E-Book 978-3-8434-6473-4

Dr. Kira Klenke:
Gute Vorsätze wirklich umsetzen!
© 2021 Schirner Verlag, Darmstadt

Umschlag: Simone Fleck, Schirner, unter Verwendung von # 1841697313 (© GoodStudio), # 1655658511 (© Rostik Solonenko), # 1069219946 (© Viktoria Kurpas) und # 1064156471 (© Viktoria Kurpas), www.shutterstock.com
Layout: Hülya Sözer, Schirner
Lektorat: Bastian Rittinghaus, Schirner
Printed by: Ren Medien GmbH, Germany

www.schirner.com

1. Auflage Oktober 2021

INHALT

Erreiche, was du dir wünschst: So gelingt es, deinen Vorsatz wirklich umzusetzen 57

Wichtiger Hinweis

Sollte es sich bei Ihrem Vorsatz-Projekt um ein Suchtproblem handeln, sollten Sie einen geeigneten Therapeuten aufsuchen und dieses Buch ergänzend benutzen. Süchte entwickeln sich nicht nur durch bestimmte Substanzen wie Nikotin oder Alkohol. Es gibt auch nicht stoffgebundene Verhaltenssüchte. Das sind übermäßige und schädliche Aktivitäten wie bei der Glücksspiel- oder Kaufsucht. Kennzeichnend sind dabei eine kontinuierliche Erhöhung der »Dosis«, d. h. des nötigen Zeitaufwands und der Häufigkeit, um die gewohnte Wirkung zu erreichen, und ein Unbehagen, wenn das Verhalten nicht ausgeführt werden kann.

WAS BRINGT ES,
DIESES BUCH ZU LESEN?

Vielleicht hast du zu diesem Buch gegriffen, weil du etwas erreichen möchtest, was du dir schon lange vornimmst, aber bisher nicht geschafft hast. Vielleicht möchtest du dich gesünder ernähren oder dich mehr bewegen, vielleicht endlich täglich meditieren, ein Buch schreiben oder dein Studium erfolgreich beenden.

Die Umsetzung unserer Pläne entpuppt sich leider oft als ein mühevolles Unterfangen. Fakt ist, dass die meisten der sogenannten guten Vorsätze sehr schnell im Sande verlaufen. Eine Schwierigkeit besteht darin, dass unsere Vorsätze ihren Ursprung in einem Gefühl haben, nicht zu genügen, oder in einem schlechten Gewissen. Vielfach geht es auch um etwas, was andere von uns erwarten, z. B. unsere Chefin, Ausbilderin oder Professorin, der Lebenspartner, andere Familienmitglieder oder der Hausarzt. In diesem Buch geht es darum, einen Vorsatz so zu fassen und umzusetzen, dass du mit ganzem Herzen dahinterstehst. Denn nur dann kann er wirklich gelingen!

Sei versichert, dass keine *persönliche* Schwäche der Grund dafür ist, wenn es dir früher nicht gelungen ist, einen Vorsatz zu verwirklichen. Denn die Herausforderung beim Umsetzen von Vorhaben rührt auch daher, wie wir Menschen grundsätzlich ticken beziehungsweise wie unser Gehirn arbeitet. Vorsätze sind in der Regel vernunftgesteuerte Ziele. In der Hirnforschung ist jedoch bekannt, dass unsere Emotionen uns viel stärker beeinflussen als unser rationaler Verstand. Das berücksichtigen die Strategien in diesem Buch.

Ich verrate dir, warum es generell so schwer ist, Vorsätze einzuhalten und Ziele zu erreichen. Denn sobald du weißt, worin die Stolpersteine beim Umsetzen bestehen, kannst du ihnen relativ leicht und gelassen aus dem Weg gehen. Wenn du dann auch noch Tipps und Tricks kennenlernst, von denen wissenschaftlich nachgewiesen wurde, dass sie bei der Umsetzung von Plänen helfen, dann wird es dir endlich gelingen, deinen Traum zu verwirklichen.

Die Strategien, die ich dir vorstelle, machen es dir leicht, schonen deine Willenskraft und berücksichtigen, was für dich persönlich in deiner derzeitigen Lebenssituation gut umzusetzen ist. In diesem Buch erfährst du auch, wie du hinderliche Zweifel, Widerstände und störende Glaubenssätze überwindest, die dich ausbremsen können oder von vornherein davon abhalten, beherzt durchzustarten. So setzt du deine Vision um und höchstwahrscheinlich noch weit mehr, als du derzeit erwartest. Dein Selbstvertrauen und deine Lebensfreude blühen auf, und du lebst endlich das Leben, das du dir schon lange wünschst.

Wenn du den Hebel an der richtigen Stelle ansetzt, werden das konsequente Verfolgen und die Umsetzung deines Vorsatzes zum spannenden und lustvollen Abenteuer. Du begibst dich auf eine interessante Reise zu dir selbst, auf der du auch deine innere Wahrheit besser kennenlernst und beginnst, ihr den angemessenen Raum in deinem Leben zu geben. Nur du selbst kannst herausfinden, wie du auf *für dich* stimmige und angenehme Art und Weise zum Ziel kommst. Sowohl die theoretischen Konzepte als auch die praktischen Übungen in diesem Buch sind Werkzeuge, die dir helfen, das Potenzial zu befreien, das bereits in dir steckt.

Mache dieses Buch zu deinem Werkzeugkasten

Es gibt nicht die *eine* geniale Strategie, mit der es allen gelingt, ihre Vorsätze wahr zu machen. Dein Weg, das zu erreichen, was du dir vorgenommen hast, ist so individuell, wie du es bist. Jeder Mensch ist einzigartig, und seine Wünsche sind es auch. Die persönliche Art, zu denken, zu handeln und zu fühlen, spielt gerade, wenn es um Vorsätze geht, eine große Rolle. Und deine derzeitigen Lebensumstände bilden die Rahmenbedingungen, unter denen dein Ziel umgesetzt werden kann. Deshalb gibt es selbst für einen einzelnen Menschen nicht die *eine* Strategie, mit der er alle seine Vorsätze erfolgreich angehen und verwirklichen kann. Es macht einen Unterschied, ob du dir angewöhnen möchtest, täglich mehr Wasser zu trinken oder deine Wohnung regelmäßig aufzuräumen, oder ob du mit dem Rauchen aufhören willst. Es macht einen Unterschied, ob du deinen täglichen Arbeitsablauf klarer strukturieren und organisieren oder die Kommunikation mit deinen Kunden intensivieren willst.

Deshalb findest du in diesem Buch eine Art große Werkzeugkiste, aus der du dir nimmst, was du benötigst. Nur du selbst kannst entscheiden, welche der Werkzeuge zu dir, deiner persönlichen Situation und zu deinem aktuellen Vorsatz passen. Wähle den Weg, der dir perfekt entspricht. Du wirst eine Strategie entwickeln, die deinen persönlichen Neigungen gerecht wird. Das ermöglicht es dir, ohne schwere Verzichte, ohne ein Gefühl von Überforderung und, ohne dich zwingen zu müssen, das zu erreichen, was du dir vorgenommen hast.

Benutze, während du dieses Buch liest, einen Textmarker. Markiere damit Sätze oder Ideen, die dich spontan inspirieren. Achte beim Lesen darauf, welche Konzepte oder Übungen dich besonders ansprechen. Das sind deine Schlüssel, die dir dabei helfen werden, deinen Vorsatz wahr zu machen.

Welchen Vorsatz möchtest du fassen?

- Welchen Plan hattest du im Kopf, als du zu diesem Buch gegriffen hast?

- Welche Vision schlägt dein Herz vor (oder dein Schutzengel oder dein höheres Selbst)?

- In welchem Lebensbereich oder in welchen Situationen bist du nicht da, wo du eigentlich sein möchtest?

Notiere den Vorsatz, den du mithilfe dieses Buches verwirklichen möchtest, so, wie du ihn jetzt im Kopf hast und im Herzen trägst, im Workbook im Anhang.

Deine Vorsatz-Puzzleteile

Während du dieses Buch liest, wirst du deinen Vorsatz von verschiedenen Seiten beleuchten. Du wirst verschiedene Puzzleteile entdecken und sie miteinander verbinden, um sie schließlich zu einem großen und vollständigen Bild zusammenzusetzen. Anders als beim wirklichen Puzzeln wirst du höchstwahrscheinlich gar nicht alle Einzelteile benötigen, um *dein Bild* fertigzustellen. Es wird einige Aspekte geben, die für dich wichtiger sind. Das sind die, die *dir* die Unterstützung geben, die du benötigst, damit es dir dieses Mal gelingt, das zu tun, was erforderlich ist, um dein Ziel zu erreichen.

Zu jedem Kapitel in diesem Buch findest du Übungen, mit denen du das, was du zuvor gelesen hast, auf deine persönliche Situation und dein aktuelles Ziel anwenden kannst. Dabei wirst du die zu dir und deinen persönlichen Neigungen und Vorlieben passenden Tipps und Werkzeuge identifizieren und erkennen, wie du sie strategisch für *deine* Zwecke nutzen kannst.

Vorsatz-Workbook

Halte, während du das Buch liest, deine Erkenntnisse *kurz* schriftlich fest. Denn das, was du nur im Kopf überlegst, ist flüchtiger und deutlich weniger nachhaltig als jede schriftliche Notiz. Immer wenn du eine Idee aufschreibst, ist das ein erster Schritt, sie auf Dauer zu materialisieren. Dafür gibt es im Anhang das Vorsatz-Workbook. Hier kannst du parallel zum Lesen des Buches Schritt für Schritt alle deine Erkenntnisse und Ideen notieren. So entsteht eine Zusammenstellung deiner persönlichen Strategien und Werkzeuge, die dich ermutigt, motiviert und dabei unterstützt, diesmal deinen Vorsatz wirklich umzusetzen.

Eine Idee in Stichworten festzuhalten, kostet dich nur wenige Minuten. Aber wenn du am Ende des Buches angelangt bist, dann hast du alle für deinen Vorsatz erforderlichen Handlungsschritte und die ideal zu dir persönlich passenden Umsetzungsstrategien und Durchhaltetricks beisammen.

Vorsätze zu verwirklichen, erfordert zwei grundlegende Strategien

1. Du musst dich **mental klar ausrichten** und deinen Vorsatz positiv und konstruktiv formulieren. Dann kannst du dazu passende Handlungen bestimmen, die auch in einem durchgetakteten Alltag gut umzusetzen sind.

Dafür findest du im Buch verblüffend einfache Tipps wie, den Auslöser deines bisherigen Verhaltens aufzuspüren, um ihn dann gezielt zu vermeiden oder zu verändern. Oder die Strategie, eine angestrebte neue Gewohnheit fest an schon im Alltag existierende Routinen zu koppeln wie das Kaffeetrinken oder den Spaziergang mit dem Hund. Du planst stets nur Minischritte, die so mühelos zu erledigen sind, dass du gar nicht versagen kannst und deshalb jedes Mal einen Erfolg hast. Das stärkt im Laufe der Zeit automatisch dein Selbstbewusstsein. Und es unterstützt dein konsequentes Handeln, wenn du es mit Vorsatztrackern dokumentierst.

2. Zum anderen **muss dein Herz dabei sein.** Du benötigst eine durchgängige **Achtsamkeit** für deine eigene Befindlichkeit beziehungsweise für sich meldende Gefühle. Dieses Standbein fehlt den meisten Vorsätzen, die aus einem Gefühl von Mangel, aus Schuldgefühlen oder durch Druck von außen gefasst werden. Solche »Motivationen« sind eine schlechte Basis für ein positives Ergebnis.

Ausschlaggebend für den Erfolg ist, dass dein Vorsatz dir selbst sinnvoll erscheint, dass er zu deinen eigenen Werten und Idealen passt und dass du gelassen bleibst, wenn sich zwischenzeitlich alte Unsicherheiten, Zweifel oder Widerstände melden. Mithilfe der speziell dafür entwickelten Übungen wird es dir gelingen, diese Aspekte nicht länger wegzuschieben oder zu verurteilen. Stattdessen wirst du sie in deiner Vorstellung liebevoll in den Arm nehmen und ihnen zuhören. Die daraus gewonnenen Informationen kannst du dazu nutzen, deine Handlungsschritte so umzugestalten, dass sie dir noch besser liegen und noch angenehmer durchzuführen sind.

Vorsätze umzusetzen, bereichert

Einen Vorsatz zu verwirklichen, ist ein spannendes Abenteuer, bei dem du jeden Tag neue Kraft tankst. Denn damit tust du – neben all den Pflichten und To-dos deines Alltags, die meist fremdbestimmt sind – regelmäßig etwas nur für dich. Du investierst in etwas, was dich dem näher bringt, was du dir wünschst und was dein Leben bereichern wird.

> Vorsätze umzusetzen, bedeutet nicht nur, ein Ziel in der Zukunft anzusteuern, sondern es ist auch eine Kraftquelle für das tägliche Leben.

Das erhöht nicht nur die Zufriedenheit in dem betroffenen Lebensbereich, sondern die Selbstzufriedenheit generell. Durch das Einhalten von Vorsätzen stärkst du dein Selbstvertrauen und das Gefühl der Selbstwirksamkeit. Das bedeutet, dass du weißt und davon überzeugt bist, dass du in Zukunft auch andere schwierige Lebenssituationen und Herausforderungen aus eigener Kraft erfolgreich bewältigen kannst.

Sobald du es geschafft hast, ein Ziel zu erreichen, wird dir das Umsetzen weiterer Vorsätze leichter fallen. Es ergibt also Sinn, es nicht bei einem Vorsatz zu belassen, sondern anschließend beherzt weitere Schwachstellen oder Problemsituationen in deinem Leben anzugehen und zu bereinigen.

Meine persönliche Erfolgsstrategie

Meine Strategie, Vorsätze wahr zu machen, basiert vor allem auf vier Aspekten:

- **der Vorfreude auf das Ergebnis,**

- **dem unumstößlichen Entschluss, sich seinem Ziel zu verpflichten,**

- **einem unablässigen entspannten Vertrauen, dass es gelingen wird,**

- **den Fokus bei der *täglichen* Aktivität nicht darauf zu legen, etwas Bestimmtes erreichen zu wollen. Stattdessen besteht das tägliche Ziel lediglich darin, für einen vorher festgelegten Zeitraum aktiv zu sein. Jeglicher Leistungsanspruch fällt damit weg, und man bleibt entspannt und durchgängig zuversichtlich.**

Ich wünsche dir von Herzen, dass du deine Vorsätze mit Schwung, Zuversicht, Freude und Konsequenz angehst. Und dass du damit das in deinem Leben veränderst, was dir guttut und dir sowohl Freude als auch Erfolg bringt.

Du hast es eilig?
Dann nimm die Abkürzung!

Dein Ziel soll möglichst schnell näher rücken. Und du möchtest deshalb beispielsweise nichts über den Ursprung der Neujahrsvorsätze lesen – obwohl gerade das erklärt, warum Vorsätze oft so mühsam sind. Und du möchtest jetzt auch nicht wissen, welche Vorsätze besonders weit verbreitet sind – obwohl dich das inspirieren und dir helfen könnte, besser zu erkennen, welches Thema für dich persönlich wichtig ist.

Aber gut, ich verstehe: Du willst dich jetzt nur auf das Allernötigste konzentrieren und so schnell es geht zum Ziel kommen. Für alle Leser und Leserinnen, die so denken, gibt es in diesem Buch eine Art Überholspur. Diese verkürzte Expressversion des Selbstcoachings besteht aus den Kapiteln und Abschnitten, die im Inhaltsverzeichnis mit einer Uhr gekennzeichnet sind. Auch wenn du nur diese Basics zum Thema »Vorsätze verwirklichen« liest und nutzt, bist du damit gut gerüstet, um erfolgreich mit deinem Projekt zu starten.

Während du mit der Umsetzung deines Vorsatzes befasst bist, kannst du ja schauen, welche anderen Kapitel oder Abschnitte im Buch dir auch noch nützen könnten, z. B. *Troubleshooting, Durchstarten wie eine Rakete* oder *Mit anderen zusammen mehr erreichen.*

KENNE DEINE STOLPERSTEINE

Vorsätze wahr zu machen, gelingt besser, wenn man weiß, warum es oft so schwierig ist. Dann kann man die Stolpersteine von vornherein geschickt umgehen.

Gängige Vorsätze: Zahlen und Fakten

Schauen wir uns zunächst an, welche Vorsätze typischerweise gefasst werden. Und wie erschreckend wenige davon tatsächlich wahr werden.

Jedes Jahr werden zum Thema »persönliche Ziele« und insbesondere »Neujahrsvorsätze« statistische Erhebungen durchgeführt. Die aktuellen Zahlen und Fakten zeigen, welche Art von Vorsätzen üblich ist, aber auch, wie selten es gelingt, sie umzusetzen.

Jeder Dritte fasst gute Vorsätze

In einer repräsentativen Befragung vom Dezember 2020[1] zeigte sich, dass etwa jeder dritte Deutsche gute Vorsätze für das neue Jahr hatte. 60 % der Befragten planten keine Veränderungen, und 6 % waren sich zum Zeitpunkt der Befragung noch unschlüssig.

---

1 Frauke Suhr: Jeder Dritte fasst gute Vorsätze fürs neue Jahr. Dez. 2020. https://de.statista.com/infografik/23770/anteil-der-befragten-in-deutschland-die-neujahrsvorsaetze-haben/, letzter Abruf 23.09.21.

Laut einer anderen repräsentativen Umfrage[2], die Ende 2020 durchgeführt wurde, waren die häufigsten Vorsätze für 2021 (wie auch schon in den Jahren davor) weniger Stress, mehr Zeit für die Familie und Freunde, Klima- und Umweltschutz sowie mehr Sport.

Die nächsten Zahlen verdeutlichen, wie schwierig es ist, einen Vorsatz tatsächlich wahr zu machen. Ende 2019 wurden Menschen, die gute Vorsätze für 2020 hatten, gefragt, wie lange sie ihre guten Vorsätze im vergangenen Jahr eingehalten hatten.[3] Nur jeder Fünfte (20 %) hatte es geschafft, seinen Vorsatz nicht zu brechen. 15 % hatten ihren Vorsatz bereits nach einer Woche aufgegeben, 39 % nach einem Monat.

Warum so viele gute Vorsätze scheitern

Man sollte eigentlich denken, dass es leicht möglich wäre, sein Verhalten zu verändern, sobald man erkannt hat, dass es einem schadet oder dem entgegensteht, was man sich als Ziel gesetzt hat. Dann gibt es eben ab sofort keine Kartoffelchips mehr beim Fernsehen, die Lieblingsserie wird erst angeschaut, nachdem die Papiere für die Steuererklärung sortiert sind, und man nimmt das Rad statt des Autos. Aber genau das gelingt uns eben meist nicht. Das geht fast allen Menschen so, selbst wenn sie wissen, dass die angestrebte Verhaltensänderung gut und wichtig für sie wäre, und sie diese wirklich herbeiwünschen.

---

2 DAK-Studie: Die Menschen wünschen sich auch 2021 weniger Stress und mehr Zeit für die Familie. https://www.dak.de/dak/bundesthemen/gute-vorsaetze-2404354.html#/, letzter Abruf 23.09.21.

3 Hedda Nier: Wie lang die guten Vorsätze halten, 2019. https://de.statista.com/infografik/20354/zeitraum-den-die-befragten-ihre-guten-vorsaetze-einhalten/, letzter Abruf 23.09.21.

Um einen Vorsatz wahr zu machen, ist es erforderlich, bestimmte Handlungen regelmäßig über einen längeren Zeitraum hinweg auszuführen. Es muss also eine neue Gewohnheit entwickelt und verinnerlicht werden. Vielfach muss dafür aber auch ein altes, derzeit noch aktives Gewohnheitsmuster abgelegt werden. Alte Gewohnheiten aufzugeben, ist jedoch nicht so einfach, weil sie fest in einem Teil unseres Gehirns verdrahtet sind, der uns nicht bewusst zugänglich ist. Die Handlungen laufen ganz automatisch ab, ohne dass wir uns dazu entscheiden.

Die gute Nachricht ist, dass wir mit diesem Wissen Vorsätze anders als bisher angehen und daher wahr machen können.

Einsicht allein reicht nicht aus

Ein beeindruckendes Beispiel dafür, wie schwer es sein kann, einmal verinnerlichte Gewohnheiten zu ändern, findet sich in einer Studie über Rückenschmerzen.[4] Probanden in dieser Studie waren Menschen, die unter starken Rückenschmerzen litten. Obwohl ihr sehnlichster Wunsch war, diese Schmerzen loszuwerden oder wenigstens zu lindern, konnten sie sich nicht dazu aufraffen, täglich die empfohlenen Gymnastikübungen zu machen. Für Menschen, die vielleicht noch nie in einer vergleichbaren Situation waren, mag das unverständlich sein. Doch ich selbst muss leider zugeben, dass ich das aus persönlicher Erfahrung kenne.

Die Motivation, etwas zu verändern, war bei den Schmerzpatienten definitiv hoch. Dennoch ist es ihnen nicht gelungen, ihre alte Angewohnheit, sich zu wenig zu bewegen, zu überwinden.

---

4 J.-P. Broonen u. a.: Is volition the missing link in the management of low back pain? In: Joint Bone Spine 2010. Online-Version: https://pubmed.ncbi.nlm.nih.gov/21159537/, letzter Abruf 23.09.21.

Wie Gewohnheiten funktionieren und warum es so schwierig ist, sie zu ändern[5]

Kernelement aller Gewohnheiten ist die ständige Wiederholung und, dass wir nicht mehr darüber nachdenken oder bewusst die Entscheidung treffen, uns auf eine bestimmte Weise zu verhalten. Stattdessen wird unsere Handlung völlig automatisch und ohne unser bewusstes Zutun durch einen bestimmten *Schlüsselreiz* ausgelöst. So waschen wir uns ganz automatisch die Hände nach dem Toilettengang oder legen, sobald wir im Auto sitzen, den Sicherheitsgurt an. Wir schalten beim Fahren, ohne darüber nachzudenken, einen Gang rauf oder runter und schauen vor dem Überholen reflexartig in den Rückspiegel.

Gewohnheiten erleichtern uns das Leben ungemein. Deshalb sind – das ist uns in der Regel nicht bewusst – fast die Hälfte unserer täglichen Handlungen Gewohnheiten. Diese sind auf geniale Weise effizient, weil durch die Automatisierung der Routinen Gehirnressourcen frei bleiben für andere Aufgaben.

Müssten wir alles, was beispielsweise beim Autofahren zu tun ist, bewusst entscheiden, wären wir (beziehungsweise unser Gehirn) völlig überfordert. Das liegt an der beschränkten Verarbeitungskapazität unseres Arbeitsgedächtnisses und der damit eng verbundenen Konzentrationsfähigkeit. Nur aufgrund der Automatisierung von sich immer gleich wiederholenden Abläufen haben wir den Kopf frei, um beispielsweise beim Autofahren auch noch die aktuelle Verkehrssituation zu beobachten oder den Weg zu suchen.

Psychologische Untersuchungen haben gezeigt, dass die bloße Wiederholung einer einfachen Handlung unter den gleichen Begleit-

---

5   David T. Neal, Wendy Wood, and Jeffrey M. Quinn: Habits – A Repeat Performance, Current Directions in Psychological Science 2006 (Vol. 15), S. 198–202. https://dornsife.usc.edu/assets/sites/208/docs/Neal.Wood.Quinn.2006.pdf, letzter Abruf 23.09.21.

umständen dazu führt, dass die Handlung später allein durch den entsprechenden Schlüsselreiz automatisch ausgelöst wird.[6] Das ist super, solange eine Gewohnheit zu unseren Zielen und Absichten passt. Tut sie das jedoch nicht (mehr), vereitelt sie sogar bewusste Ziele. Denn die Gewohnheiten bleiben auch dann erhalten, wenn unsere Motivation sich geändert hat. Mit zunehmender Routine wird eine Gewohnheitshandlung in tiefere Regionen des Gehirns verlagert, in die Basalganglien.[7] Das ist ein Verband aus Nervenzellen, der für Spontaneität und Routinehandlungen zuständig ist. (Bei beidem wird nicht nachgedacht.) Es ist deshalb enorm schwierig, alte Gewohnheiten wieder zu verändern oder aufzulösen, weil unsere Vernunft oder auch eine Einsicht keinerlei Einfluss auf unser reflexartiges Verhalten hat. Im Gehirn gibt es keine direkten Verbindungen zwischen dem »Sitz« von Verstand und Intelligenz und den verhaltenssteuernden Zentren.[8] Darüber hinaus wird unser Festhalten an Gewohnheiten vom Gehirn durch das Ausschütten von Belohnungsstoffen verstärkt.[9]

Unsere Automatismen sind in evolutionsgeschichtlich alten Hirnbereichen abgelegt, denn Routine und Wiederholung waren schon in der Urzeit wichtig für das Überleben. Der Frontalkortex, der für unsere Handlungsplanung und -kontrolle zuständig ist, wurde in der Phylogenese erst viel später gebildet. Gewohnheiten wie der Griff zum Bier beim Fernsehschauen sitzen also in alten Hirnarea-

---

6   Gardner, B., Lally, P., & Wardle, J.: Making health habitual: the psychology of »habit-formation« and general practice. The British journal of general practice 2012: the journal of the Royal College of General Practitioners 62 (605), S. 664–666. https://doi.org/10.3399/bjgp12X659466, letzter Abruf 23.09.21.

7   Katrin Ewert: Warum unser Gehirn Routinen liebt. https://www.planet-wissen.de/gesellschaft/psychologie/gewohnheiten/gewohnheiten-hirnforschung-100.html, letzter Abruf 23.09.21.

8   Vortrag von G. Roth 2014: Warum so viele für die Energiewende sind und so wenige etwas dafür tun – Anmerkungen aus Sicht der Hirnforschung. https://dorf-ist-energieklug.de/fileadmin/user_upload_diek/Aktuelles_und_Presse/Vortrag_Prof._Roth_Klimakonferenz.pdf, letzter Abruf 23.09.21.

9   Ebd.

len, während unser rationaler Verstand im neuen Hirnareal nur zuschauen kann. Darüber hinaus laufen Prozesse in den Basalganglien blitzschnell ab. Für bewusstes Handeln benötigt der Frontalkortex deutlich mehr Zeit. Kurz gesagt: Wir haben unser Bierchen schon getrunken, bevor unsere Bewusstheit überhaupt einsetzt.

Warum bei Vorsätzen die Ausdauer schwerfällt

Um Vorsätze wahr zu machen, ist es notwendig, kurzfristig etwas Unbequemes auszuhalten, um langfristig etwas Positives zu erreichen.

Genau das fällt Menschen von Natur aus schwer. Selbst wenn etwas wirklich wichtig für uns ist, können wir uns dennoch häufig nicht dazu aufraffen, aktiv zu werden, und verschieben es immer wieder auf später. So geht es beispielsweise Selbstständigen, wenn sie sich einfach nicht dazu durchringen können, ihren Kunden zeitnah eine Rechnung zu schreiben, obwohl sie viel Geld zu erwarten hätten. Und so geht es Studierenden, die es nicht schaffen, endlich anzufangen, für ein bestimmtes Fach zu lernen, obwohl der Prüfungstermin immer näher rückt. Und so geht es sogar Menschen mit Rücken-

schmerzen, die trotz ihrer Schmerzen, anstatt täglich 15 Minuten lang ihre Gymnastikübungen zu machen, lieber weiter auf dem Sofa chillen.

Wir kennen alle Situationen, in denen wir Stressigem, Schwierigem oder Anstrengendem ausweichen, indem wir uns etwas anderem, Lustvollerem zuwenden. Auf Dauer verursacht ein solches Verhalten Probleme. Unsere Vorsätze umzusetzen, gelingt so sicher nicht. Aber es liegt in der menschlichen Natur, dem Unangenehmen aus dem Weg zu gehen und sich stattdessen dem zuzuwenden, was angenehm ist. Genau das ist einer der Hebelpunkte, an dem die Strategien und Tricks aus diesem Buch ansetzen (siehe Seite 57).

In den 1970er-Jahren führte der Psychologe Walter Mischel an der Stanford University eine Studie durch, die als Marshmallow-Test[10] bekannt wurde. In der Psychologie gibt es wenige Experimente, deren Aufnahmen so bekannt und so nett anzuschauen sind wie die aus diesem Versuch: Vierjährige wurden allein in einen reizarmen Raum ohne Spielzeug oder Fernseher gesetzt. Direkt vor dem Kind auf dem Tisch lag ein Marshmallow. Der Versuchsleiter teilte dem Kind mit, dass es den Marshmallow sofort essen dürfe. Wenn es ihm aber gelänge, damit so lange zu warten, bis der Versuchsleiter zurückkehrte, würde es zusätzlich einen zweiten Marshmallow erhalten. In den Videoaufzeichnungen des Versuchs, die man heute noch in unterschiedlichen Versionen im Internet findet, kann man beobachten, wie sehr die Kinder mit sich ringen.

Interessant ist bei dem Experiment, dass die Kinder, die der Versuchung widerstanden, den ersten Marshmallow sofort zu essen, kre-

---

10 FAZ-Artikel von Tomasz Kurianowicz, Marshmallow-Test: Nimm mich! Aktualisiert am 5.11.2014. https://www.faz.net/-gym-7vrwj, letzter Abruf 23.09.21.

ativ wurden: Sie haben die Wartezeit mithilfe einfallsreicher Ideen, Selbstgesprächen oder Spielen überstanden.

Auch für Erwachsene wird eine Belohnung weniger attraktiv, je länger auf sie gewartet werden muss. Auf eine unmittelbare Belohnung zugunsten einer größeren Belohnung in der Zukunft zu verzichten, fällt fast allen Menschen schwer. Dies zeigte eine Studie,[11] in der Probanden wählen konnten, entweder 10 Euro sofort zu erhalten oder 20 Euro in einem Jahr. Sie entschieden sich mehrheitlich für die 10 Euro. Die meisten Menschen entscheiden sich für eine kleinere Belohnung, wenn sie diese sofort erhalten. Auch das erklärt, warum uns das Durchhalten bei der Umsetzung von Vorsätzen *generell* schwerfällt.

Aber wir haben die Wahl, ob wir unseren emotionalen Impulsen tatsächlich nachgeben oder nicht. Mithilfe der Willensstärke ist es möglich, Handlungsimpulsen zu widerstehen, wenn deren Konsequenzen unseren langfristigen Interessen entgegenstehen. Jedoch kostet uns eine solche Selbstkontrolle Kraft. Wie eine Forschergruppe um Matthew Gailliot[12] feststellte, sinkt bei Aufgaben, die Selbstkontrolle erfordern, der Blutzuckerwert. Schon ein ein-

Wenn du merkst, dass deine Selbstkontrolle in Bezug auf deinen Vorsatz nachlässt, hilft es, etwas Glukosehaltiges zu essen oder zu trinken. Das ist natürlich nur empfehlenswert, sofern dein Vorsatz nichts mit gesünderer Ernährung zu tun hat.

---

11 Kalenscher Tobias, Strombach Tina: Die Macht der Versuchung; Gehirn & Geist 11/2013, S. 62–67.

12 Matthew T Gailliot et. al.: Self-Control Relies on Glucose as a Limited Energy Source – Willpower Is More Than a Metaphor. Journal of Personality and Social Psychology 92 (2) 2007, S. 325–336. https://www.researchgate.net/publication/6524614_Self-Control_Relies_on_Glucose_as_a_Limited_Energy_Source_Willpower_Is_More_Than_a_MetaphorSource.

ziger Akt der Selbstkontrolle führt dazu, dass der Blutzuckerwert deutlich fällt. Deshalb waren in Gailliots Studie die Probanden bei nachfolgenden Aufgaben, die ebenfalls Selbstkontrolle erforderten, weniger erfolgreich. Dies ist ein evolutionär gut erklärbarer Prozess, denn Tiere mit einem niedrigen Blutzuckerspiegel sollten schon bei kleiner Beute zuschlagen und nicht auf eine andere, vielleicht größere Beute spekulieren.

Doch auch wenn unsere Selbstkontrolle geschwächt ist, vielleicht weil wir Hunger haben oder die Versuchung doch einfach zu groß ist, gibt es (wissenschaftlich als effektiv und erfolgreich nachgewiesene) Tricks, mit denen wir kurzfristigen Versuchungen entgehen und ein ersehntes, größeres Vorsatzziel wahr machen (siehe Seite 57).

Der Ursprung der Neujahrsvorsätze

Vorsätze und insbesondere die typischen Neujahrsvorsätze entstehen häufig aus einem Defizit und dem Gefühl, unzulänglich zu sein. Oft geht es darum, eine Angewohnheit, die sich im Laufe der Zeit verselbstständigt hat, abzulegen oder zu verändern. An den »klassischen« guten Vorsätzen hängt oft ein Gefühl von Schuld oder Scham. Ein schlechtes Gewissen, weil man etwas falsch gemacht oder unterlassen hat. Warum das so ist, erklärt sich ein Stück weit aus der Geschichte der Neujahrsvorsätze.[13, 14]

---

13 How To Make New Year's Resolutions Stick (ein Interview mit dem Klinischen Psychologen John Norcross). 2008. https://www.npr.org/templates/story/story.php?storyId=98738130, letzter Abruf 23.09.21.

14 The origin of new year's resolutions (Artikel in der internationalen Zeitung The Economist). 2018. https://www.economist.com/the-economist-explains/2018/01/05/the-origin-of-new-years-resolutions, letzter Abruf 23.09.21.

Die Babylonier waren die erste Zivilisation, die vor etwa 4000 Jahren Aufzeichnungen über Neujahrsfeste hinterließ. Bei ihnen begann das neue Jahr mit der Frühjahrstagundnachtgleiche. Während der Feier anlässlich der Erneuerung des Lebens in der Natur versprachen die Menschen, um die Götter gnädig zu stimmen, ihre Schulden zurückzuzahlen und geliehene Gegenstände dem Besitzer wiederzugeben.

Die Römer setzten später diese Gewohnheit fort, änderten aber das Datum. Als Julius Caesar den Kalender reformierte, wurde der Januar offiziell als Jahresbeginn festgelegt. Zu den römischen Neujahrsfesten gehörte die Verehrung des Gottes Janus, nach dem der Monat Januar benannt ist. Janus ist der Gott des Anfangs und des Endes. Abbildungen zeigen ihn mit einem Doppelgesicht, sodass er nach vorn und zugleich nach hinten blickt.

Die Christen übernahmen das Ritual, veränderten aber im Mittelalter die heidnische Ausrichtung der Neujahrsvorsätze. Nun wurden die Menschen angehalten, sich an Neujahr zu christlichen Regeln und Werten zu bekennen. Heute ist im römisch-katholischen Glauben der »gute Vorsatz« Bestandteil der Beichte.[15] Die Beichtenden richten dabei ihren guten Willen darauf, in der Zukunft Sünden zu vermeiden, Schaden gutzumachen und zu tun, was zur Besserung notwendig ist.

All das erklärt den alten Ballast »guter Vorsätze« und, warum sie vielfach eher als Belastung empfunden werden. Auch wenn jemand kein gläubiger Christ ist, ist dieser Ursprung »guter Vorsätze« kollektiv im Unterbewusstsein unserer westlichen Gesellschaft verankert.

---

15 Katechismus der Katholischen Kirche – ein Handbuch der Unterweisung in den Grundfragen des römisch-katholischen Glaubens. http://www.kathpedia.com/index.php?title=Basler_Katholischer_Katechismus_(1947)#Der_gute_Vorsatz, letzter Abruf 23.09.21.

Der Unterschied zwischen den traditionellen guten Vorsätzen und dem Ansatz in diesem Buch

In die Coachingsprache übersetzt, ist es der Unterschied zwischen einer »Weg von«- und einer »Hin zu«-Motivation. Bei einer »Weg von«-Haltung wie bei »Ich will nicht länger übergewichtig/faul/ unsportlich … sein« geht es um einen Mangel oder das Empfinden von Unzulänglichkeit. Und du weißt vermutlich, dass unser Gehirn keine Negationen erkennt. Deshalb bleibt bei einem solchen Vorsatz der jetzige, ungewünschte Zustand in der Vorstellung weiterhin präsent und im Fokus. Das ist ungünstig für eine erfolgreiche Veränderung.

Bei einer »Hin zu«-Ausrichtung hat man eine Vorstellung und ein inneres Bild davon, wo oder wie man in Zukunft sein will. Man erträumt sich und wird motiviert durch die Perspektive einer positiven Veränderung und davon, wie der ideale, veränderte Zielzustand sein wird. Es ist sogar relativ leicht möglich, ein stressiges »Weg von«-Vorhaben in ein attraktives und uns automatisch motivierendes »Hin zu«-Ziel zu verändern (siehe Seite 33).

Vorsätze sollten also nicht den Fokus auf bisherigem Misserfolg oder früherem Fehlverhalten haben. Sie sollten der freudigen Erwartung einer kraftvollen, positiven Zukunft entspringen.

Lieber keinen Vorsatz als einen unbedachten

Wer sich unbedacht zum falschen Zeitpunkt einem unpassenden Vorsatz verpflichtet, kommt damit in der Regel nicht zum Erfolg. Und das Scheitern hat dann nicht nur Auswirkungen auf den betreffenden Lebensbereich. Es wird generell den Glauben in sich selbst schwächen und das Zutrauen, dass es tatsächlich möglich ist, aus eigener Kraft das Leben zu verändern und zu verbessern.

Manchmal passiert es, dass wir uns leichtfertig – ohne uns vorher ausreichend informiert oder unsere Motivation geprüft zu haben – einem Vorsatz oder einem Ziel verpflichten, das nicht zu uns passt. Beispiele dafür sind Studierende, die sich, vielleicht weil andere es ihnen vorgeschlagen haben, für einen Studiengang einschreiben, der im Grunde nicht zu ihren Interessen und Talenten passt. Sie entscheiden sich beispielsweise nur deshalb für ein BWL-Studium, weil sie sich davon zukunftsträchtige Jobchancen und ein gutes Gehalt versprechen. Manche wählen nur deshalb die Zahnmedizin, weil Zahnärzte hierzulande zu den Spitzenverdienern gehören. Oder junge Menschen beschließen nur deshalb, zu studieren, weil Akademiker häufig besser verdienen als Nichtakademiker und in unserer Gesellschaft höher angesehen sind.

Ein Studium ist jedoch nichts für Menschen, die eigentlich wenig Lust haben, nach der Schule weiter zu pauken. Es ist nichts für hauptsächlich praktisch Veranlagte, für die viele Stunden Kopfarbeit täglich ein Gräuel sind. Ohne eine gewisse Begeisterung für das Studienfach wird es nur schwer gelingen, die Motivation und Ausdauer aufzubringen, die jedes Studium erfordert. Nun könnte man vielleicht glauben: »Ach, das macht doch nichts. Wenn derjenige nach ein bis zwei Semestern feststellt, dass das nichts für ihn ist, kann er ja immer noch etwas anderes machen.«

Ich war als Professorin 12 Jahre lang Vorsitzende des Prüfungsausschusses und habe in dieser Position etliche Gespräche mit Betroffenen geführt. Damals ist mir bewusst geworden, wie fatal sich eine solche fahrlässige Entscheidung für einen Studienplatz für die Betreffenden auswirken kann. Diese Studenten litten unter Selbstzweifeln, einem enormen Druck und Versagensängsten. Zumal gleichzeitig Außenstehende wie Dozenten oder häufig auch die Eltern die schlechten Noten lediglich als Zeichen von Faulheit interpretierten.

Eine solche Erfahrung schwächt das Selbstwertgefühl nachhaltig und hat auch Auswirkungen auf andere Lebensbereiche. Das macht sich vielfach selbst dann noch bemerkbar, wenn die Betroffenen schließlich (freiwillig oder auch unfreiwillig, wenn zu viele der Prüfungen nicht bestanden wurden) die Hochschule verlassen haben. Weder das geschwächte Selbstvertrauen noch ein Studienabbruch im Lebenslauf bilden eine günstige Grundlage für Bewerbungsgespräche. Was ich damals als Professorin – bei glücklicherweise nur verhältnismäßig wenigen, aber dafür enorm leidenden Studierenden – miterlebt habe, berührt mich noch jetzt, viele Jahre später.

Nun magst du denken, dass dieses Beispiel extrem ist und mit deiner Lebenssituation nichts zu tun hat. Aber ist das wirklich so? Ich habe, während ich an diesem Text geschrieben habe, überlegt, ob es in meinem Leben vergleichbare Erfahrungen gab. Und ja, die gab es. Ich möchte eine davon hier teilen, um noch besser zu verdeutlichen, warum es wichtig ist, es sich lieber zweimal zu überlegen, bevor man sich halbherzig auf einen unpassenden Vorsatz einlässt.

Bei der Erfahrung geht es um meinen Vater. Als ich noch ein Schulkind war, hat er mir oft erzählt, dass er als junger Mann »beinahe«

seinen Doktor gemacht hatte. Ihm, einem kreativen Mann mit einem klaren, naturwissenschaftlich orientierten Verstand, wurde nach Ende seines Maschinenbaustudiums das Thema für eine Doktorarbeit angeboten. Er fühlte sich geschmeichelt und geehrt. Er hat sich dann für längere Zeit in seiner Freizeit, neben einem Fulltime-Job als Ingenieur, mit den Inhalten befasst. Es hat eine Weile gedauert, bis er schließlich erkennen musste, dass er diesem Promotionsthema, das ihn durchaus interessierte, neben seiner neuen Karriere als Maschinenbauer in der Industrie nicht gerecht werden konnte. Auch, weil er plante, zu heiraten, ein Haus zu bauen und eine Familie zu gründen.

Auch hier könnte ein Außenstehender vielleicht denken: »Na, das ist Jammern auf hohem Niveau. Es hat eben nicht geklappt. Dafür hat er Karriere gemacht und seine Familie gegründet.« Was ich aber als seine Tochter schon als 9- oder 10-Jährige deutlich gespürt habe, war sein großer Schmerz. Er war einmal dem Traum, eine Doktorarbeit in Maschinenbau zu schreiben, so nahe gewesen. Und hatte sie aber nicht zu Ende gebracht. Wie tief ihn das geschmerzt haben muss – und zwar sein ganzes Leben lang –, hat mir 25 Jahre später ein anderes Erlebnis verdeutlicht. Er war stolz, als ich nach meinem Mathestudium eine Stelle in einem Forschungsinstitut bekam mit der Möglichkeit, dort meine Doktorarbeit zu schreiben. Bei meiner Promotionsfeier saß er sehr stolz neben mir. Als ich ihn darauf ansprach, verdunkelte sich sein Gesicht. Leise und sehr traurig murmelte er mehr zu sich als zu mir: »Aber ich selbst habe es damals nicht geschafft.« Das war rund 45 Jahre, nachdem er das Thema für seine Doktorarbeit zunächst angenommen hatte – ohne vorher ausreichend zu überlegen, ob es in sein damaliges Lebenskonzept passte. Ich kenne ähnliche Geschichten auch von anderen, für die eine abgebrochene Doktorarbeit ihr Leben lang eine Schmach geblieben ist.

Was hat all das mit deinem Vorsatz zu tun?

Wenn du einen Vorsatz fasst, prüfe vorher, ob das, was du dir vornehmen willst, zu dir passt. Passt es zu dem, wer du bist? Passt es zu deinen Fähigkeiten und Anlagen? Passt es zu dem, was dir derzeit sonst noch in deinem Leben wichtig ist? Und wenn ja, ist *jetzt* der passende Zeitpunkt, diesen Vorsatz anzugehen?

Nimm dir vielleicht einen Moment Zeit, nachzuforschen, welche Erinnerungen das Thema »Sich unbedacht zum falschen Zeitpunkt einem unpassenden Vorsatz verpflichten« bei dir auslöst.

Gab es vielleicht auch in deinem Leben schon einmal eine Situation, eine Entscheidung oder einen Vorsatz, durch die du dich leichtfertig, ungeprüft oder verfrüht Anforderungen ausgesetzt hast, die zu dem Zeitpunkt nicht zu dir und deinen Lebensumständen gepasst haben? Und was ist dann geschehen? Hast du funktioniert, tapfer durchgehalten, dich vielleicht wegen der Anforderungen verbogen und dich durch diese Aufgabe gepeitscht? Oder hast du letztlich erkennen müssen, dass du es nicht schaffst? Musstest du irgendwann aufgeben? Oder ist das Ganze vielleicht irgendwann im Sande verlaufen? Haben die äußeren Umstände dich dazu gebracht, aufzugeben?

Welche Glaubenssätze sind eventuell aufgrund dieses Erlebens entstanden? Ein Beispiel wäre: »Ich bin nicht so stark/so schlau/so ausdauernd/so … wie andere.« (Zur Auflösung von Glaubenssätzen siehe Seite 123.)

Wenn du jetzt etwas für dich erkannt hast, nimm dir einen Moment, um es im Workbook zu notieren.

Es dauert länger als 21 Tage

Oft hört oder liest man, dass man eine gewünschte neue Gewohnheit 21 Tage lang durchhalten müsse, damit sie sich festigt. Dass sie dann zu einer im Gehirn fest verdrahteten und automatisch ablaufenden Gewohnheit wird. Ich habe nach der Quelle dieser viel zitierten 21-Tage-Regel gesucht und festgestellt, dass die Behauptung leider so nicht stimmt.

In einer Studie16 haben Probanden ein neues Verhalten täglich unter identischen Umständen und zur selben Zeit ausgeführt. Sie haben dabei auch jeden Tag protokolliert, wie automatisch oder gewohnheitsmäßig sich diese Tätigkeit für sie anfühlte. Es dauerte im Durchschnitt 66 Tage, bis ein Automatisierungseffekt einsetzte. Dabei gab es große individuelle Unterschiede. Einer Person gelang es schon in nur 18 Tagen, die neue Gewohnheit zu automatisieren, andere hatten das bis zum Ende der 12-wöchigen Studie noch nicht erreicht. Es wird vermutet, dass dies nicht zuletzt auch mit dem Schwierigkeitsgrad des erwünschten neuen Verhaltens zusammenhängt. Mehrmals am Tag ein Glas Wasser zu trinken, ist schneller umzusetzen, als täglich eine Stunde zu joggen.

Das bedeutet für einen Neujahrsvorsatz, dass man ihn eben nicht nur, wie es vielfach behauptet wird, bis zum 21. Januar durchhalten muss, sondern bis zum 7. März.

Die Studie belegt aber auch: Du kannst es schaffen.

---

16   Ben D Gardner: Busting the 21 days habit formation myth. 2012 im Blog »Health Chatter«: Research Department of Behavioural Science and Health Blog des University College London. https://blogs.ucl.ac.uk/bsh/2012/06/29/busting-the-21-days-habit-formation-myth/, letzter Abruf 23.09.21.

Wenn du eine neue Gewohnheit so verinnerlichen möchtest, dass du sie in Zukunft automatisch, ohne irgendeine bewusste Anstrengung, ausführst, dann kannst du genau das auch erreichen (siehe Seite 66). Nur sollte dir bewusst sein, dass das deine Ausdauer und Konsequenz für gut zwei Monate erfordert. In Anbetracht dessen, was du in dieser Zeit erreichen kannst, lohnt sich der Aufwand allemal.

WELCHEN **VORSATZ** MÖCHTEST DU **VERWIRKLICHEN?**

Deinen Vorsatz kraftvoll aufsetzen: Die Formulierung ist entscheidend

Damit du erreichst, was du dir wünschst, und sicherstellst, dass dein Vorsatz kraftvoll ist und dich motiviert, ist es erforderlich, schon bei der Formulierung ein paar Regeln zu beachten. Das Wording deiner Zielsetzung entscheidet darüber, wie leicht es dir fällt, konsequent und erfolgreich am Ball zu bleiben. Oder eben nicht.

Das zeigte eine Studie[17] mit 1066 Freiwilligen, die Neujahrsvorsätze gefasst hatten. Die Studienteilnehmenden wurden in drei Gruppen eingeteilt. Die erste Gruppe bekam während der Studie keine Hilfe, die zweite ein wenig und die dritte viel – in Form von regelmäßigen Kontaktaufnahmen und E-Mails mit nützlichen Tipps. »Es zeigte sich, dass die Unterstützung, die die Teilnehmer erhielten, keinen großen Unterschied machte, wenn es darum ging, wie gut sie ihre Vorsätze während des Jahres einhielten«, sagt der Psychologe Carl-

---

17 Oscarsson M, Carlbring P, Andersson G, Rozental A (2020) A large-scale experiment on New Year's resolutions: Approach-oriented goals are more successful than avoidance-oriented goals. PLoS ONE 15 (12): e0234097. https://doi.org/10.1371/journal.pone.0234097, letzter Abruf 23.09.21.

bring.[18] »Was uns überraschte, waren die Ergebnisse zur Formulierung des Vorsatzes.« Das Ergebnis der Untersuchung war, dass der Erfolg der Vorsätze davon abhing, wie sie formuliert wurden.

Ein Vorsatz sollte etwas sein, was wir selbst gern für uns erreichen möchten. Das klingt erst einmal selbstverständlich, ist es aber gerade bei den typischen Vorsätzen häufig nicht. Diese entstehen vielfach aus einem schlechten Gewissen.

Typische Vorsätze klingen so:

- **»Ich möchte nicht mehr ständig so viel Süßes essen/jeden Abend Stunden vor der Glotze hängen/morgens so lange schlafen.«**

- **»Ich muss endlich anfangen, für meine Prüfung zu lernen/ mein Buch zu schreiben.«**

- **»Ich müsste öfter mit meiner Mutter/Tochter telefonieren.«**

Oft ist der Auslöser der Anspruch eines anderen an uns, der Lebenspartnerin vielleicht oder des Hausarztes, der Chefin oder der Eltern. Was nicht bedeutet, dass die so in uns angestoßenen Veränderungsbestrebungen unbedingt abzulehnen sind. Manchmal brauchen wir die Rückmeldung oder einen Stups von anderen, um uns endlich in Bewegung zu setzen. Oder, um überhaupt erst zu bemerken, dass oder wo wir ein Defizit haben. Aber das alles sollte nur die erste Initialzündung sein, damit wir für uns selbst erkennen und entscheiden: »Ja, das will ich selbst gern verändern!«

---

18 Alice Lanzke: So setzen Sie Neujahrsvorsätze erfolgreich um: In: WELT am 28.12.2020. https://www.welt.de/wissenschaft/article223314342/Neujahrsvorsaetze-So-setzt-man-sie-erfolgreich-um.html, letzter Abruf 23.09.21.

Du wirst niemals erfolgreich oder sportlich oder sonst irgendetwas werden, nur weil ein anderer Mensch, der starken Druck auf dich ausübt, dies von dir verlangt. Im Mittelpunkt deines Lebens stehst immer du. Und nur du selbst kannst beurteilen – aufgrund deiner Wahrheit und deiner Herzensführung –, ob eine bestimmte Veränderung dich freier, zufriedener und erfüllter machen würde.

Deshalb sind die ersten Fragen, die du dir stellen solltest, wenn du einen Vorsatz fasst: »Ist das wirklich *mein* Ziel? Trägt dieser Vorsatz – und all die Anstrengung, die Willenskraft und Konsequenz, die ich aufbringen muss, um ihn wahr zu machen – dazu bei, *mein* Leben deutlich zu verbessern? Trägt er dazu bei, dass *ich* glücklicher und zufriedener werde?«

Wenn du das bejahst, dann hole dir Papier und Stift, und formuliere parallel zum Weiterlesen, unter Berücksichtigung der folgenden vier KIRA-Kriterien, deinen Vorsatz.

Die KIRA-Kriterien

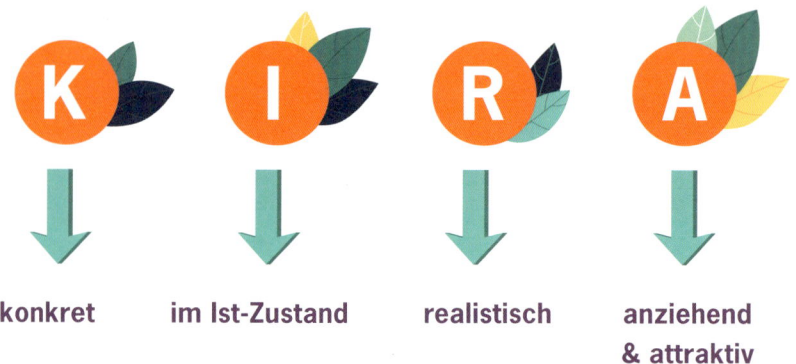

KIRA: Vorsätze so formulieren, dass du erreichst, was du dir wünschst

K	I	R	A
konkret	im Ist-Zustand	realistisch	anziehend & attraktiv

»K« wie konkret

Es ist hilfreich, deinen Vorsatz (zumindest zu Beginn) auf eine bestimmte Situation zu beschränken. Das erleichtert es, dein Ziel zu konkretisieren. Es hilft auch dabei, eine angemessene, konkrete Herangehensweise für die Lösung des Problems zu erkennen. Zu Beginn sollten sich auch die geplanten Handlungsschritte nur auf die eine Situation beschränken.

Wähle eine typische Situation aus, die der Grund dafür ist, dass du dieses Thema überhaupt gewählt hast.

Beispiele:

Beim Vorsatz »Ich möchte nicht mehr ständig so viel Süßes essen« könnte eine typische Situation die erste Kaffeepause im Büro sein.

Und die Angewohnheit, stets einen Schokoriegel zum Kaffee zu essen, öfter auch zwei. Obwohl der Wunsch da ist, sich das abzugewöhnen, geht immer wieder automatisch der Griff zur Schublade mit den Süßigkeiten.

Beim Vorsatz »Ich müsste öfter mit meiner Mutter telefonieren« könnte eine typische Situation, in der dieser Gedanke aufkommt, abends nach der Arbeit sein. Und das schlechte Gewissen meldet sich, weil man weiß, dass die schon ältere Mutter darauf wartet, und man sich dennoch nicht dazu aufraffen kann. Denn nach einem kräftezehrenden Arbeitstag ist das Bedürfnis nach Ruhe stärker. Deshalb eignet sich der Sonntag für die Umsetzung des Vorsatzes besser. Es wäre gut, einen geeigneten, fixen Zeitpunkt zu wählen, z. B. vor der Zubereitung des Mittagessens (das begrenzt auch den zeitlichen Rahmen des Gesprächs).

Halte gerade zu Beginn dein Ziel situationsbezogen präzise und überschaubar klein. Plane deinen ersten Handlungsschritt so, dass du ihn leicht einhalten kannst. Beispiele dafür wären, jeden Tag für nur fünf Minuten Rückengymnastik zu machen oder spazieren zu gehen. Wähle etwas, was dir persönlich angenehm oder zumindest zumutbar erscheint. Wenn die Lösungsidee dir von vornherein wie eine lästige Pflicht erscheint, suche nach einer Alternative.

Beispiele für Vorsätze zu den oben genannten Beispielen wären:

- **»Ich schneide morgens vor der Arbeit frisches, leckeres Obst auf, das ich für die Kaffeepause mitnehme. In der Pause genieße ich die gesunde Alternative und freue mich darüber, wie schnell ich gelernt habe, gut für mich zu sorgen. Ab sofort liegen keine Schokoriegel mehr in der Schreibtischschublade.«**

Auch wenn der Aufwand (insbesondere im Verhältnis zu der positiven Wirkung, die damit auf Dauer erzielt wird) gering erscheint, ist es zu Beginn ratsam, es wirklich nur bei dieser einen Aktion pro Tag zu belassen. Erst, wenn diese zur lieben Gewohnheit geworden ist, sollte man Ähnliches für weitere Pausen oder Lebenssituationen planen.

- »Ich rufe meine Mutter jeden Sonntag am späten Vormittag an, kurz bevor es an die Zubereitung des Mittagessens geht.«

Und die Mutter wird informiert, dass man gern regelmäßig mit ihr telefonieren möchte, dass dafür aber leider werktags abends einfach die Kraft fehlt. Dass sie deshalb ab jetzt immer am späten Sonntagvormittag angerufen wird, kurz bevor es (vielleicht für beide Seiten) an die Zubereitung des Essens geht.

Solltest du bei der Umsetzung feststellen, dass die geplante Minihandlung doch nicht so gut klappt wie erhofft, dann überlege, was du verändern oder stattdessen ausprobieren könntest. Wenn dir darauf einmal keine Antwort einfallen sollte, hilft oft diese Frage weiter: »Was müsste ich tun, um die bisherige Situation oder mein altes Verhalten noch zu verstärken?« Das Gegenteil davon ist vielfach der Hinweis, den du gesucht hast.

Wann beginnst du?

Lege den Tag oder das Datum schriftlich fest. Und halte dich dann daran. Du wirst merken, wie allein das dir einen kleinen positiven Schub gibt. Oder wie es im umgekehrten Fall deinem Vorsatz schon im Voraus den Todesstoß versetzt.

»I« wie Ist-Zustand

Formuliere so, als wäre dein Vorsatz bereits verwirklicht

Formuliere deinen Vorsatz in der Gegenwartsform und so, als wäre dein Ziel schon jetzt erreicht: »Jeden Sonntag rufe ich (kurz bevor ich an die Zubereitung des Mittagessens gehe) meine Mutter an, und wir sprechen dann 10–15 Minuten miteinander.«

Benutze keine Verneinungen

Höchstwahrscheinlich kennst du den Spruch: »Denke jetzt nicht an einen rosa Elefanten im Ballettröckchen!« Und du hast bereits die Erfahrung gemacht, dass diese Anweisung automatisch das Bild eines rosafarbenen Elefanten in einem Ballettröckchen in dir erzeugt. Rennfahrer trainieren für den Fall, dass sie von der Fahrbahn abkommen, immer die freie Fläche im Blick zu behalten. In einem solchen Moment wäre es fatal, auf den einzigen Baum auf der Wiese zu starren und zu denken: »Jetzt bloß nicht auch noch gegen diesen Baum fahren!« Sie wissen, dass die Lenkbewegung immer dem Blick folgt.

Richte auch du deinen Blick dorthin, wohin du gelangen willst. Das hilft nicht nur beim Autofahren, sondern auch beim Verfolgen von Vorsätzen. Formulierungen mit Verneinungen bringen unseren inneren Schweinehund erst so richtig auf dumme Gedanken. Deshalb formuliere einen Vorsatz wie »Jetzt höre ich auf damit, jeden Abend beim Fernsehen eine ganze Tüte Kartoffelchips zu verputzen« positiv um in: »Ich stelle mir beim Fernsehen immer eine Schale mit Möhrensticks hin und knabbere die.« Spürst du den Unterschied?

Die zusätzliche Durchsetzungskraft, die ein Vorsatz allein wegen der positiven Formulierung erfährt, war auch ein Ergebnis der schon erwähnten schwedischen Studie.[19] Die Forscher fanden heraus, dass die Umformulierung eines Vermeidungs-Vorsatzes wie »Ich werde aufhören …« in ein zielorientiertes »Ich fange damit an …« eine größere Chance birgt, das Ziel zu erreichen.

»R« wie realistisch

Wichtig ist auch, dass du es für möglich hältst, dein Vorsatzziel erreichen zu können. Glaubst du daran, dass du deinen Vorsatz verwirklichen kannst?

Sollte das (noch) nicht der Fall sein, gibt es zwei Möglichkeiten, das zu ändern, *bevor* du dich an die Umsetzung des Vorsatzes machst. Zum einen hilft schon die oben empfohlene Reduzierung des Vorsatzes auf *eine* bestimmte Situation und *eine* kleine Handlung dabei, an einen Vorsatz zu glauben. Vielleicht kannst du dir derzeit nicht vorstellen, ganz auf Zucker oder Süßes zu verzichten. Aber es wird dir sicher gelingen – sofern dir der Vorsatz wirklich am Herzen liegt –, einmal am Tag Obst anstelle von Schokoriegeln zu essen. Und sobald das nach einer Weile zu einer neuen Gewohnheit geworden ist, dehnst du den Ernährungsvorsatz weiter aus. Zum anderen kann es passieren, dass alte, längst überholte, aber nichtsdestotrotz aktiv wirkende Glaubenssätze die Realisierung eines Vorsatzes verhindern. (Dazu, wie du damit umgehen kannst, siehe Seite 123. Einen effektiven Trick, wie du alte Denkmuster entkräftest, findest du auf Seite 61.)

---

19 Oscarsson M, Carlbring P, Andersson G, Rozental A (2020) A large-scale experiment on New Year's resolutions: Approach-oriented goals are more successful than avoidance-oriented goals. PLoS ONE 15(12): e0234097. https://doi.org/10.1371/journal.pone.0234097, letzter Abruf 23.09.21.

Die Kraft konsequent durchgeführter Minischritte

Manchmal kann eine Metapher helfen, etwas, was wir neu erlernen und verinnerlichen wollen, besser zu erfassen. Zum Thema »Minihandlungsschritte« passt das kurze Video *Domino Chain Reaction: geometric growth in action.*[20] Für das Experiment wurden 13 Dominosteine jeweils zunehmender Größe und Dicke hintereinander aufgestellt. Der erste und kleinste Stein ist nur 5 mm hoch und 1 mm dick, der letzte und größte ist über 1 m hoch und wiegt etwa 50 kg. Mit einer Pinzette wird der erste Stein zart angeschubst, und so stößt ein Stein den anderen um, bis auch der letzte Stein zu Boden geht. Schaue dir dieses Video nicht mit deinem rationalen Verstand an, sondern öffne dich stattdessen für die Vorstellung, dass diese Kettenreaktion eine Art Energieübertragung sein kann. Statt verstehen zu wollen, was da physikalisch passiert, entspanne dich, und verbinde das, was du siehst, mit deinem Projekt. Stelle dir vor, der erste kleine Stein ist dein erster Minihandlungsschritt, und der große, schwere Stein am Ende der Reihe steht für die vollständige Verwirklichung deines Ziels.

Probiere für dich aus, ob diese Filmbilder dich in deiner Entschlusskraft unterstützen können.

Formuliere deine Handlungsschritte in Zeiteinheiten

Um aus der Realisierung deines Vorsatzes ein möglichst positives Unterfangen zu machen, zu dem du dich nicht mühevoll zwingen musst, solltest du vor allem zu Beginn nur in kleinen Schritten aktiv werden. Wenn du dir beispielsweise vornimmst, am nächsten Montag das Bad auszumisten, am Dienstag die Küche, am Mittwoch das Wohnzimmer usw., ist es sehr wahrscheinlich, dass dich dies

---

20 Auf Deutsch: Domino-Kettenreaktion: Geometrisches Wachstum in Aktion. https://youtu.be/5JCm5FY-dEY, letzter Abruf 23.09.21. (Unter »Untertitel« kannst du die englische Erklärung auch automatisch ins Deutsche übersetzen lassen.)

spätestens am zweiten oder dritten Tag überfordern wird. Neben all den ohnehin schon bestehenden Verpflichtungen wäre so etwas gar nicht realistisch. Damit soll nicht gesagt sein, dass es nicht auch eine gute Idee wäre, wenn du zwischendurch einen freien Tag in deinen Vorsatz investieren möchtest. Probiere es einfach für dich aus. Aber grundsätzlich muss dir klar sein, dass die Umsetzung eines Vorsatzes mehr einem Marathon als einem Sprint ähnelt.

Definiere deine Handlungsschritte so, dass es realistisch ist, sie auch über längere Zeit entspannt gut umsetzen zu können. Sie sollten regelmäßig leicht zu schaffen sein. Selbst dann, wenn etwas Unerwartetes dazwischenkommt. Du wirst bald merken, wie allein die Tatsache, dass du deinen Vorsatz täglich (oder so regelmäßig wie geplant) einhältst, dich innerlich aufbaut und deine Motivation stärkt. Und, dass es dir von Tag zu Tag leichter fällt, etwas für deinen Vorsatz zu tun. Wenn es dir gelingt, über einen längeren Zeitraum deinem Vorsatz kontinuierlich treu zu bleiben, dann lebst du beispielsweise bald sehr zufrieden in einer super aufgeräumten und gut durchorganisierten Wohnung.

Wie viele Minuten willst du täglich in deinen Vorsatz investieren?

Lege schriftlich fest, an wie vielen und welchen Wochentagen du aktiv sein wirst. Dann lege eine Zeitdauer fest, die du auch dann einhalten kannst, wenn sich unerwartet zusätzliche Aufgaben oder Verpflichtungen an deinem Arbeitsplatz, in der Familie oder in deiner Freizeit ergeben. Plane, gerade zu Beginn, möglichst kurze Zeiten ein, z. B. 10 Minuten täglich. Das garantiert, dass du es tatsächlich schaffen wirst, dich immer daran zu halten. Auch nur 5 Minuten täglich für deinen Vorsatz aktiv zu werden, ist völlig in Ordnung. Es ist ein großer Fortschritt im Vergleich zu den Zeiten, wo du für dein Thema noch *nichts* getan hast.

Die geplante tägliche Zeitdauer besagt nicht, dass du nach der vereinbarten Zeit aufhören musst. Wenn es dir gerade leicht von der Hand geht, z. B. einen Schrank auszumisten und aufzuräumen, mache weiter damit. Du sortierst die Sachen so lange, wie es dir Freude macht und in deinen Tagesablauf passt. Mindestens jedoch so lange, wie du es festgelegt hast.

Beispiele:

- »Ich schreibe an mindestens 5 Tagen in der Woche wenigstens 15 Minuten lang an meinem Buch.«

- »Ich räume jeden Morgen direkt nach dem Frühstück 10 Minuten lang meine Wohnung auf.«

Liegt es in deiner Hand, den Vorsatz wahr zu machen?

Schauen wir uns noch einmal das Beispiel vom regelmäßigen Telefonat mit der Mutter an. Wenn die Beziehung zur Mutter schwierig und spannungsgeladen ist, wäre die folgende Formulierung nicht geeignet: »Ich rufe meine Mutter jeden Sonntag an. Wir reden dabei stets nur liebevoll und respektvoll miteinander.«

Wenn die Realisierung deines Vorsatzes vom Verhalten oder der Entscheidung eines anderen Menschen abhängt, gibst du auch die Entscheidung über dein Wohlbefinden und deine Chance auf Erfolg in dessen Hände. Verwende immer nur das Wort »ich« in deiner Formulierung. Du könntest bei dem Telefonatsprojekt auch daran arbeiten, deiner Mutter zu verzeihen, was du früher vielleicht mit ihr erlebt hast. Oder daran, in dir eine neue innere Klarheit und stabile Selbstsicherheit zu finden, sodass unberechtigte Vorwürfe dich nicht länger treffen und verletzen. Oder daran, ein mitfühlendes Verständnis dafür zu entwickeln, dass deine Mutter aufgrund ihrer eigenen Vergangenheit und Prägungen heute eben so ist, wie sie ist. Auf diese Weise kannst du das regelmäßige Telefonat als optimales Übungsfeld für dein eigenes Wachstum betrachten. Beim Formulieren von Vorsätzen stehen immer du selbst und dein persönliches Wachstum im Zentrum. Und du hast dabei die Freiheit, aus einer Fülle von potenziellen Lösungswegen den für dich besten auszuwählen.

Eine mögliche Formulierung wäre also: »Ich rufe meine Mutter sonntagmorgens an und bin offen für sie und ihre Alltagsthemen.«

»A« wie anziehend und attraktiv

Begeistert dich die Vorstellung, deinen Vorsatz wahr zu machen? Mit der folgenden Übung kannst du dem nachspüren.

 ÜBUNG:

Verbinde dich mit deinem Zielzustand

Schließe für einen Moment die Augen, fühle das Gewicht deines Körpers auf der Sitzunterlage. Spüre, wie deine Füße flach auf dem Boden stehen. Sitze aufrecht, aber so, dass du diese Position entspannt für eine Weile halten kannst. Beobachte nur deinen Atem, wie er von allein ein- und ausströmt. Lege eine Hand auf dein Herz, die andere auf deinen Bauch.

Bitte darum, dass dir innerlich der mit deinem Vorsatz verbundene und von dir ersehnte Zielzustand gezeigt wird: Wie wirst du dich fühlen, wenn du deinen Vorsatz wahr gemacht hast? Wirst du anders denken als bisher? Anders handeln? Öffne dich dafür, das neue Selbstvertrauen und die damit verbundene gehobene Stimmung schon jetzt zu erleben. Und lasse dir innerlich zeigen, welche neuen Möglichkeiten sich dir mit dem Erreichen deines Vorsatzes eröffnen werden.

Bei diesem Erleben wirst du merken, dass es friedlicher in dir wird, entspannter, und dass du in Bezug auf deinen Vorsatz klarer und bestimmter wirst.

Genieße den Zustand, solange es dir guttut. Bedanke dich abschließend bei deinem Vorsatz für die Geschenke, die er in dein Leben bringt. Und bedanke dich bei dir selbst für das Geschenk, das du dir mit diesem Vorsatz machst.

Notiere anschließend das Wichtigste
kurz in deinem Workbook.

Nun kennst du das gute Gefühl, das das Erreichen deines Vorsatzes mit sich bringt. Es wird dich ab sofort anspornen und in die richtige Richtung leiten.

Fragen, die du dir vertiefend stellen kannst, sind:

- »Zaubert mir der Gedanke daran, dass ich es schaffe, sofort ein Lächeln ins Gesicht? Löst er Freude in mir aus? Oder Erleichterung? Vielleicht ein Gefühl von innerem Frieden?«

- »Werde ich authentischer leben, wenn ich diesen Vorsatz umgesetzt habe?«

- »Werde ich mich innerlich gestärkt fühlen, im Einklang und im Reinen mit mir sein?«

- »Kurz: Ist dieser Vorsatz wirklich den ganzen Einsatz wert?«

Falls du die meisten dieser Fragen *nicht* mit einem Ja beantworten kannst, solltest du überlegen, ob es einen anderen, besser geeigneten Vorsatz für dich gibt. Denn dein Ziel sollte mehr Frieden und mehr Lebensfreude in dein Leben bringen.

Je größer die Anziehungskraft eines Vorsatzes ist, desto leichter fällt uns dessen praktische Realisierung. Dafür kannst du in der Formulierung ihre attraktive Wirkung entweder am Anfang oder am Ende einfügen. Hier sind ein paar Beispiele:

- »Ich bin voller Vorfreude, weil mein Traum, Autor zu werden, nun endlich wahr wird. Ich schreibe an mindestens 5 Tagen pro Woche wenigstens 15 Minuten lang an meinem Buch.«

- »Jeden Morgen räume ich direkt nach dem Frühstück 10 Minuten lang meine Wohnung auf. Ich staune, wie positiv die zunehmende Klarheit der Wohnung auf mich wirkt. Ich kann jetzt zu Hause leichter entspannen und zur Ruhe kommen.«

- »Ich schneide morgens beim Frühstück Obst auf, das ich mit ins Büro nehme. In der Kaffeepause genieße ich die gesunde Frische und freue mich darüber, wie schnell ich gelernt habe, gut für mich zu sorgen.«

- »Ich gehe jede Woche mindestens einmal abends nach der Arbeit zum Pilates. Ich liebe es, wie biegsam und elastisch sich mein Körper anschließend anfühlt.«

- »Jeden Morgen vor dem Frühstück mache ich eine 2-Minuten-Meditation. Es ist schön, den Tag mit einer Tätigkeit zu beginnen, bei der Leichtigkeit statt Anstrengung im Fokus steht. Diesen Fokus nehme ich dann mit in meinen Tag.«

- »Jeden Dienstagnachmittag telefoniere ich mit einer lieben Freundin. Es tut mir gut, mit jemandem zu sprechen, der so tickt wie ich.«

Spiele so lange mit deiner Formulierung, bis sie dich wirklich anmacht. Ändere sie immer wieder, bis du dich sofort erleichtert, erfreut oder motiviert fühlst, sobald du deine Worte liest. Lasse dir Zeit dabei, und schlafe darüber! Überprüfe dann deine Wortwahl noch einmal anhand der folgenden Fragen:

- »Stärkt mich diese Formulierung, wenn ich sie lese? Gibt sie mir Kraft?«

- »Spüre ich Erleichterung oder Hoffnung beim Lesen?«

- »Fange ich automatisch an, zu lächeln, wenn ich die Worte lese?«

Wenn du denkst: »Oje, das wird viel Arbeit und sicher mühevoll«, dann solltest du deinen Vorsatz noch einmal umformulieren.

Manchmal hat das Erreichen eines Ziels auch weitere **attraktive Nebeneffekte.** Du sparst z. B. Zeit, weil du täglich weniger vor dem Fernseher oder dem Computer sitzt, oder Geld für Alkohol oder Zigaretten. Falls das auf deinen Vorsatz zutrifft, überlege dir, wie du die neu gewonnenen Ressourcen nutzen möchtest. Einige Wochen oder Monate ohne Zigaretten ermöglichen die Finanzierung eines Kurztrips nach Paris oder einer schicken neuen Jacke. Was soll es für dich sein?

Wenn du deine Vorsatzformulierung ausgearbeitet hast, hast du damit den ersten wichtigen Meilenstein auf dem Weg zum Erfolg bereits gemeistert.

Notiere deinen Vorsatz, so, wie du ihn unter Berücksichtigung der KIRA-Kriterien ausformuliert hast, in deinem Workbook. Schreibe ihn zusätzlich auf eine Karte, und hänge sie dort auf, wo du sie oft siehst. Die Worte werden dich immer wieder neu motivieren.

Ist der Vorsatz wertvoll für dich?

Jeder Mensch hat bestimmte Werte, die ihm oder ihr sehr wichtig sind. Beispiele sind:

Ehrlichkeit   Toleranz   Harmonie   Freiheit

innere Ruhe   Humor   Gelassenheit

Achtsamkeit   Loyalität   Sicherheit   Gesundheit

Großzügigkeit   Frieden   Zuverlässigkeit

Dankbarkeit   Sinnlichkeit   Fülle   Lebenslust

Wissen   Weisheit   Klarheit   Flexibilität

Lernen   Erfolg   Glaubwürdigkeit   Spiritualität

Natürlichkeit   Effizienz   Treue   Fairness

Respekt   Reichtum   Wohlstand   Abenteuer

Aufrichtigkeit   Familie   Tradition

Unsere Werte sind der Maßstab, anhand dessen wir Situationen oder auch Menschen beurteilen. Sie entscheiden darüber, was uns wichtig ist und was nicht. Unsere Werte sind, auch wenn es uns oft nicht bewusst ist, der Grund dafür, dass wir uns für oder gegen etwas entscheiden, in welchen Lebenssituationen wir bereit sind, Verantwortung zu übernehmen. Die Unterschiede im Empfinden und Verhalten von Menschen lassen sich nicht zuletzt durch deren unterschiedliche Grundwerte erklären. Bei dem einen sind das Fairness und Ehrlichkeit, bei dem anderen Familie und Sicherheit. Bei einem weiteren Abenteuer und Freiheit. Unsere Werte erklären viele unserer Verhaltensweisen und entscheiden, wann wir motiviert sind, etwas zu erreichen, und wann nicht. Es ist deshalb hilfreich, die eigenen Werte zu kennen. Welcher Wert ist dir so wichtig, dass du dich immer dafür einsetzen würdest? Auch gegen den Widerstand von Autoritäten?

Wenn wir in Übereinstimmung mit unseren Werten leben, sind wir zufrieden und haben Achtung vor uns selbst. Es gibt uns das Gefühl, dass unser Leben stimmig und sinnvoll ist. Auch, wenn du einen Vorsatz fasst, ist es wichtig, deine Werte zu berücksichtigen. Jemand, bei dem Ordnung und Sicherheit eine hohe Priorität haben, wird sich etwas anderes vornehmen als jemand, für den Freiheit und Neues zu lernen wichtig sind. Wenn wir bei unseren Vorsätzen unsere Werte berücksichtigen, fällt es uns deutlich leichter, einen Vorsatz motiviert und mit Ausdauer bis zum Erfolg durchzuhalten.[21]

Im Sommer 2020 wurde eine Studie über die Wertvorstellungen der Menschen, die in Deutschland leben, durchgeführt.[22] Dabei ergab

21 Gardner B, Lally P, Wardle J. Making health habitual: the psychology of »habit-formation« and general practice. Br J Gen Pract. 2012 Dec; 62 (605), S. 664–666. https://bjgp.org/content/bjgp/62/605/664.full.pdf, letzter Abruf 23.09.21.

22 Im Auftrag des Bundesministeriums für Bildung und Forschung (BMBF). Eine Zusammenfassung der Umfrageergebnisse findet man im Web unter https://www.vorausschau.de/SharedDocs/Downloads/vorausschau/de/BMBF_Foresight_Wertestudie_Kurzfassung.pdf, letzter Abruf 23.09.21.

sich die folgende Liste.[23] Der erste Punkt wurde von 85 % der Befragten für sehr wichtig erachtet, der letzte von 20 %.

- Gute Freunde haben, enge Beziehungen zu anderen Menschen
- Für die Familie da sein, sich für die Familie einsetzen
- Unabhängigkeit, sein Leben weitgehend bestimmen können
- Eigenverantwortung, Verantwortung für sich und sein Handeln
- Viel Spaß haben, das Leben genießen
- Von anderen geschätzt, anerkannt werden
- Kinder haben
- Erfolg im Beruf
- Gesundheitsbewusst leben
- Umweltbewusst leben
- Menschen helfen, die in Not geraten
- Disziplin und Ordnung
- Sich für soziale Gerechtigkeit einsetzen
- Immer Neues lernen
- Die Welt kennenlernen, andere Länder und Kulturen
- Hohes Einkommen, materieller Wohlstand
- Sich selbst verwirklichen
- Starke Erlebnisse haben, Abenteuer, Spannung
- Auseinandersetzung mit Sinnfragen des Lebens
- Religion, feste Glaubensüberzeugung
- Gesellschaftlich oder politisch aktiv sein

---

23 S. 12 im obigen PDF des BMBF.

Deinen Werten auf die Spur kommen

Bevor du die Übung durchführst, lies den Anleitungstext erst einmal ganz durch. Beim zweiten Lesen kannst du dann die Übung parallel mitmachen.

Schließe für einen Moment die Augen, und atme ein paarmal bewusst langsam ein und aus. Entspanne deine Schultern und Arme, das Gesicht und insbesondere den Unterkiefer.

Schritt 1

Öffne sanft deine Augen, und betrachte die Wortwolke auf Seite 49. Verweile einen kurzen Moment bei jedem der Wörter. Du wirst feststellen, dass diese unterschiedlich auf dich wirken. Für grundsätzlich wichtig wirst du sie wahrscheinlich fast alle halten – das macht Werte nun einmal aus. Aber du wirst auch merken, dass bei einigen wenigen Begriffen deine Resonanz deutlich stärker ist als bei den anderen. Male hinter diese Wörter mit Bleistift ein Sternchen.

Es ist möglich, dass du nach einem bestimmten Wort Ausschau hältst, es aber in dem Bild nicht findest. Dann schreibe dieses Wort, das sicher einen wichtigen Wert für dich darstellt, zusätzlich hinein.

Schritt 2

Wiederhole Schritt 1 mit der Liste der wichtigsten Werte in unserer Gesellschaft auf Seite 51.

Schritt 3

Schließe wieder deine Augen, und atme ein paarmal bewusst langsam ein und aus. Entspanne deinen Körper.

Dann stelle dir innerlich die Fragen: »Welche Situationen ärgern mich? Worüber rege ich mich immer wieder auf? Im Berufsleben, in meiner Ausbildung, im Sportverein, in meiner Ehe oder Beziehung, in der Familie? Wenn ich Nachrichten höre oder schaue?«

Bleibe bei deinem ersten Impuls: Welche war die erste Situation, die dir eingefallen ist? Vertraue deinem Bauchgefühl.

Dann frage innerlich weiter: Welcher Wert wird hier missachtet? Welchen Wert bräuchte es aus deiner Sicht unbedingt in dieser Situation? Notiere auch diesen.

Welche 2 bis 4 Werte hast du für dich in dieser Übung entdeckt? Notiere sie im Workbook. Und überprüfe, ob der von dir geplante Vorsatz zu diesen Werten passt. Falls das nicht der Fall sein sollte: Wie ließe er sich abändern?

Befreie dich
von Erwartungen anderer

Der Gesundheitspsychologe Benjamin Gardner empfiehlt Hausärzten, ihre Patienten deren eigenen Weg finden zu lassen, ein bestimmtes Gesundheitsziel zu erreichen.[24] Er hat herausgefunden, dass Patienten, die ihr Verhaltensziel selbst wählen, stärker motiviert sind.

Wenn wir einen Plan schmieden, sollte es um unsere eigenen Bedürfnisse und Wünsche gehen. Wir werden jedoch häufig von anderen beeinflusst. In unserem Leben gibt es meist eine ganze Reihe von Menschen, die eine genaue Vorstellung davon haben, was wir tun oder nicht tun sollten. Und auch davon, wie wir denken sollten. Das können Freund*innen sein, der oder die Partner*in, Familienmitglieder, Kolleg*innen, Vorgesetzte, Nachbar*innen oder andere Autoritäten wie beispielweise Ärzt*innen. Sobald du anfängst, darüber nachzudenken, werden dir vermutlich einige solcher Mitmenschen einfallen. Nicht nur im Berufsleben, auch in der Schule, an der Hochschule und im Privatleben strengen wir uns vielfach an, so zu sein, wie andere es von uns erwarten. Diese Einflüsse von außen und auch, dass wir uns vielfach mit anderen vergleichen, erschweren es, herauszufinden, was wir selbst uns eigentlich für unser Leben wünschen. Speziell in Situationen, in denen wir verunsichert, ängstlich oder gestresst sind, ist es ratsam, unsere eigene Wahrnehmung und die eigenen Bedürfnisse von denen anderer zu unterscheiden.

---

24 Gardner B, Lally P, Wardle J. Making health habitual: the psychology of »habit-formation« and general practice. Br J Gen Pract. 2012 Dec; 62 (605), S. 664–666. https://bjgp.org/content/bjgp/62/605/664.full.pdf, letzter Abruf 23.09.21.

Welche Erwartungen haben andere an dich?

Setze dich an einem Ort, an dem du für eine Weile ungestört bist, entspannt und aufrecht hin. Schließe sanft deine Augen. Entspanne deine Schultern, den Unterkiefer und dein Gesicht. Atme ein paarmal bewusst ein und ganz langsam aus. Dann lasse den Atem fließen, wie er will, und stelle dir innerlich folgende Fragen:

»Welche Erwartungen haben andere Menschen derzeit an mich in dem Lebensbereich, in dem mein Vorsatz liegt? Decken sich deren Vorstellungen mit meinem eigenen Empfinden und meinen Zielen? Stimmt das, was sie sich von mir wünschen oder von mir fordern, mit meiner Wahrheit überein?«

Falls das nicht der Fall ist, forsche weiter:

»Was stört mich selbst an der Situation? Worauf wollen mich mein Unbehagen, mein Stress oder meine Sorgen hinweisen? Was würde ich mir wie anders wünschen? Was müsste sich ändern? Was möchte ich ändern?«

Wenn du das herausgefunden hast, widerstehe bitte der Versuchung, nun umgekehrt die anderen von deiner Meinung oder Sichtweise überzeugen zu wollen. Bleibe stattdessen ab sofort souverän und entschlossen dir selbst und deinen Bedürfnissen treu. Je besser es dir gelingt, stabil und authentisch so zu denken und vor allem auch so zu handeln, wie es deinem Ideal entspricht, desto mehr werden auch die anderen beginnen, deinen Standpunkt zu erkennen und zu respektieren.

Du hast die Wahl

Willst du deinem Herzen folgen oder den Ansprüchen anderer genügen?

Öffne dich für das, was du brauchst, um glücklich, zufrieden und nach deinen eigenen Maßstäben erfolgreich zu sein. Fasse dir ein Herz, und traue dich, es in dein Leben zu holen, ganz egal, ob du es früher vielleicht einmal nicht geschafft hast, Vorsätze umzusetzen.

Gestalte dein Leben (zuerst in dir und dann auch im Außen) lebendiger, gesünder und für dich persönlich stimmiger. Du hast die Wahl, dich für dich zu entscheiden und deinen wahren Bedürfnissen die oberste Priorität zu geben. Ganz egal, was andere dazu sagen mögen.

Wenn du dich selbst endlich so anerkennst, wie du von Natur aus eben bist, und beginnst, dich selbst zu lieben, dann wirst du (automatisch) auch beginnen, zu strahlen.

Wenn ein Vorsatz nicht im Einklang mit unserem Herzen steht, wenn er nicht mit unseren persönlichen Idealen und Werten und mit dem, was zu uns passt, übereinstimmt, dann werden wir höchstwahrscheinlich scheitern.
Wenn jemand irgendetwas nur erreichen will, um dafür Anerkennung von anderen zu erhalten, dann wird es schwer sein, diesen Vorsatz durchzuhalten.

ERREICHE, WAS DU DIR WÜNSCHST: SO GELINGT ES, DEINEN VORSATZ WIRKLICH UMZUSETZEN

Triff eine Entscheidung

Es wird dir kaum gelingen, die für die Umsetzung eines Vorsatzes erforderliche Willenskraft aufzubringen, solange du keine Entscheidung dafür getroffen hast, das Thema wirklich anzugehen. Bist du noch unentschlossen und fragst dich: »Will ich das wirklich? Ist das wirklich ein attraktives Ziel, für das ich kämpfen will? Oder wäre nicht vielleicht doch ein anderes noch wichtiger?«, fehlt dir die erforderliche Schwungkraft.

Übrigens ist es für eine Entscheidung nicht erforderlich, dass du bereits alle Zweifel überwunden hast. Das ist vorher gar nicht unbedingt möglich, denn erst auf dem Weg wird deutlich, was alles zu tun ist. Und erst, wenn du etwas tust, erfährst du auch, wie es dir dabei geht.

Eine Entscheidung zu treffen, erspart enorm viel inneren Kraftaufwand. Es stellen sich Fragen nicht mehr wie: »Will ich wirklich mein BWL-Studium zu Ende bringen? Oder sollte ich es lieber abbrechen und mich anders orientieren?« Stattdessen liegt dein Fokus auf Fragen wie: »Was ist zu erledigen, damit ich mein Studium innerhalb der nächsten zwei Semester abschließe? Was muss ich dafür noch klären? Was habe ich zu tun, um mein Ziel zu erreichen? Wo finde ich Unterstützung?«

Deshalb gib dir, nachdem du deinen Vorsatz formuliert hast, einen Ruck, und entscheide dich dafür. Kopiere die folgende Selbstverpflichtung, und hänge sie ausgefüllt und unterschrieben dort auf, wo du sie häufig siehst.

Mein Vorsatz

Ich beschließe heute den Vorsatz: _____

_____

_____

Ich beginne am __.__.____ (Datum) damit, ihn umzusetzen.

Ich weiß, es ist dafür nichts weiter zu leisten, als wie geplant regelmäßig das zu tun, was ich mir vorgenommen habe. Es braucht nicht perfekt zu sein, aber ich werde es nichtsdestotrotz ausführen.

Hiermit erkläre ich jeden Tag, an dem ich mich an diese Selbsterklärung halte, zu einem Erfolg für mich.

Wenn ich bemerke, dass sich Unmut meldet oder ich im Widerstand bin gegen meinen Vorsatz, werde ich mir mit dem Kapitel *Troubleshooting* helfen.

_____   _____

Datum   Unterschrift

Wenn du dich jetzt entschieden hast, freue ich mich. Gratulation! Ich bin mir sicher, du schaffst das!

Die Kraft einer Entscheidung ist magisch

In meinem Leben war ich als Kind, als Teenager und auch als junge Frau und Berufstätige über weite Strecken unglücklich. Denn es war mir nicht möglich, das, was mich ausmacht – mein Naturell, meine wahren Interessen und Gaben –, zu entfalten und zu leben. Dennoch hat es auch schon damals mehrfach echte Wendepunkte in meinem Leben gegeben. Das waren Momente, in denen es mir gelungen ist, das Lebensruder herumzuwerfen. Jedes Mal ist es mir vorher so schlecht gegangen, dass ich innerlich mit dem Rücken an der Wand stand. Und aus schierer Verzweiflung entschied ich mich: »Ich will das nicht länger! So geht es jetzt nicht weiter!« Und das brachte die Wende – jedes Mal!

Aber du musst nicht erst verzweifeln, um eine solche Entscheidung zu treffen. Du kannst schon vorher und beizeiten einen neuen Kurs einschlagen. Das gelingt jedoch nur, wenn du dich wirklich für die Veränderung entscheidest. Dann wirst auch du erleben, dass die Kraft einer Entscheidung magisch ist.

Lenke dein Denken
in die richtige Richtung

Wenn wir uns eine Frage stellen, fängt unser Gehirn unwillkürlich an, nach einer Antwort zu suchen. Das läuft automatisch ab. Wir lenken auf diese Weise oft unbewusst unser Denken und unsere Gefühle in eine negative Richtung. Das geschieht z. B. durch Fragen wie: »Warum bekomme ich das jetzt nicht hin?«, »Wieso ist das so anstrengend?«, »Warum bin ich nur so ungeschickt?«
Mit solchen Selbstgesprächen lenken wir, während wir einen Vorsatz umsetzen möchten, unser Denken in die verkehrte Richtung. Es war die Idee des Amerikaners Noah St. John, diese Art des inneren Dialogs umzukehren.[25] Dazu triggert man den Verstand mit einer positiven, lösungsorientierten Frage. Eine solche Frage beginnt mit einem »Warum« und geht gezielt in die Richtung, in der man eine Lösungsidee sucht. Hier sind einige Beispiele:

»Warum gelingt es mir so gut, diesen Vorsatz wahr zu machen?«

»Warum genieße ich es täglich immer mehr, 15 Minuten meine Wohnung aufzuräumen?«

»Warum ist es so befriedigend für mich, jeden Sonntag mit meiner Mutter zu telefonieren?«

»Warum ziehe ich mein Ziel magnetisch an?«

Noah St. John bezeichnet diese Art der Warum-Fragen als Afformationen, einem Kunstwort aus »Affirmation« und dem lateinischen Verb »formare«, das »gestalten, bilden, formen« bedeutet.

---

25 Noah St. John: Erfolg ist kein Zufall: Die Erfüllung Ihrer Träume ist nur 7 Schritte entfernt. Ariston Verlag 2010.

Afformationen

Nutze das folgende Muster, um eine deinen Vorsatz optimal unterstützende Afformation zu finden:

Beispiele wiederkehrender Gedanken, die die Motivation und den Schwung zunichtemachen	Eine dem entgegenwirkende Afformation
Ich habe einfach keine Lust, zu …	Warum habe ich richtig Lust darauf, zu …?
Ich weiß nicht, wie ich …	Warum fällt es mir plötzlich leicht, zu …?
Ich bin zu ungeschickt, um …	Warum besitze ich die Geschicklichkeit, mit der ich …?
Mir fehlt einfach die nötige Willenskraft, um …	Wieso bringe ich mehr als genug Willenskraft auf, um …?

Halte deine Afformations-Frage im Workbook fest.

Du kannst dir diese Warum-Frage jederzeit stellen. Am besten wiederholst du sie immer wieder innerlich (wenn du allein bist, auch laut) im Laufe des Tages. Besonders raffiniert und effektiv ist es, sich die Frage abends kurz vor dem Einschlafen zu stellen. Lasse dich überraschen, wo du daraufhin überall – oft völlig unerwartet – Unterstützung und hilfreiche Tipps für dein Projekt entdeckst.

Die Essenz deines Vorsatzes in einem Wort

Halte die Essenz deines ganzen Vorsatzes in nur einem Wort fest.[26] Die Idee ist, dass eine Erinnerungsstütze so leicht zu merken sein sollte, dass wir sie jederzeit und überall parat haben. Ein einziges Wort können wir uns leicht einprägen und uns selbst dann noch daran erinnern, wenn wir gerade gestresst sind.

Es ist leichter und motivierender, sich durch ein Kraftwort wie »Freundschaft« mit der zugehörigen Lebensqualität zu verbinden, als sich innerlich zu sagen »Ab sofort rufe ich mindestens zweimal in der Woche meine/-n gute/-n Freund/-in an«.

Dies sind Beispiele solcher Ein-Wort-Erinnerungsstützen:

»übersichtlich« oder »klar«	➡ wenn der Vorsatz ist, mehr Ordnung zu halten
»Familie«	➡ wenn der Vorsatz ist, regelmäßig mit einem bestimmten Familienmitglied zu telefonieren
»Gesundheit«	➡ wenn der Vorsatz ist, sich das Essen von zu viel Süßem abzugewöhnen
»Autor«	➡ wenn der Vorsatz ist, ein eigenes Buch zu schreiben

---

26 Dieser Trick stammt aus dem Buch One Word that will change your life von Dan Britton, Jimmy Page und Jon Gordon, John Wiley & Sons Inc; 2. Aufl. 2013. Jon Gordon, einer der Autoren, erklärt das 1-Wort-Konzept auch in einem YouTube-Video: »One Word that will Change Your Life« von 2013. https://www.youtube.com/watch?v=CShvhZ7D0fg, letzter Abruf 23.09.21.

ÜBUNG:

Das Vorsatz-Powerwort

Welches eine Wort drückt die Qualität deines Vorsatzes gut aus? Grüble nicht lange, sondern bleibe am besten bei dem ersten Impuls. Schließe dann deine Augen, und sprich das Wort innerlich (oder laut) aus. Spürst du, wie nur dieses eine Wort dir guttut?

Sollte das nicht der Fall sein, teste die Wirkung von zwei oder drei anderen Wörtern, die die gleiche Qualität ausdrücken. Manchmal gibt es ein ähnliches Wort, das noch kraftvoller wirkt. Um dafür Ideen zu finden, kannst du im Internet auf einer Synonyme-Seite suchen. Wenn du dort z.B. das Wort »übersichtlich« eingibst, erhältst du unter anderem die Alternativvorschläge: »klar«, »geordnet«, »überschaubar«, »aufgeräumt«, »adrett«. Triff dann die Entscheidung für dein Wort schnell und beherzt, und lasse dich dabei von deinem Bauchgefühl leiten.

Stelle dir nun vor, dass du die Schwingung deines Wortes einatmen könntest. Atme ein paarmal bewusst tief ein und sanft aus. Dabei sollte das Ausatmen möglichst deutlich länger sein als das Einatmen. Visualisiere dann beim Einatmen des Wortes, wie du deinen Vorsatz hoch motiviert und mit Durchhaltevermögen wahr machst. Beim Ausatmen stellst du dir vor, wie du mit der verbrauchten Luft auch alles ausatmest, was dir bei der Umsetzung im Weg stehen könnte.

Halte dein Vorsatz-Powerwort im Workbook fest.

Nutze dein Wort ab jetzt wie eine Art Mantra, indem du es regelmäßig innerlich wiederholst. Nutze dein Wort als Anker, den du jederzeit schnell (und für andere unbemerkt) einsetzen kannst, um dich erneut mit der Schwungkraft deines Vorsatzes zu verbinden.

 ÜBUNG:

Sage Ja zu deinem Vorsatz

Das sieht z. B. so aus:

- »Ja! Ich habe Lust, dieses Buch zu schreiben.«

- »Ja! Ich werde alles tun, um meine Prüfungen in sechs Wochen zu bestehen.«

- »Ja! Ich freue mich schon darauf, wenn die Wohnung sauber und ordentlich aufgeräumt ist.«

- »Ja! Ich will mich gesünder ernähren.«

Wie lautet dein persönlicher Ja!-Satz?
Halte ihn in deinem Workbook fest.

Alte, behindernde Gewohnheiten durchbrechen und neue, stärkende verinnerlichen[27, 28]

Mit alten Gewohnheiten aufzuhören, ist nicht so einfach, weil sie – wie wir ja schon gesehen haben – fest in einem Teil unseres Gehirns verdrahtet sind, der uns nicht bewusst zugänglich ist. Generell ist das Durchbrechen bestehender Routinen mühsamer und erfordert mehr Kraft als das reine Entwickeln einer neuen Gewohnheit. Um unerwünschte Routinehandlungen loszuwerden, ist es am besten, sie durch eine neue zu ersetzen. Es ist z. B. schwer, sich abzugewöhnen, beim abendlichen Fernsehen Kartoffelchips zu essen, wenn diese Angewohnheit schon seit Langem besteht. Einfacher ist es, das Verhalten durch ein anderes zu ersetzen, z. B., nun beim Fernsehen einen Apfel oder Möhrensticks zu knabbern (und die Kartoffelchips gar nicht erst einzukaufen). Durch stures, regelmäßiges Wiederholen gelingt es, das alte Gewohnheitsmuster zu überschreiben.

Eine neue Gewohnheit zu bilden, ist im Prinzip einfach: Du wiederholst beharrlich immer wieder die gewünschte Aktion auf genau dieselbe Art und Weise unter den gleichen Begleitumständen. Studien haben gezeigt, dass es dabei in der Lernphase unterstützend wirkt, wenn du dein Verhalten mithilfe einer Strichliste überwachst. Später werden wir uns dafür spezielle Vorsatztracker anschauen. Nach einer Weile ist die neue Routine stabil, weil sie sich zur Ge-

---

27 Phillippa Lally, Benjamin Gardner: Promoting habit formation, Health Psychology Review 7, sup 1 2013, S. 137–158. https://yaymarathon.files.wordpress.com/2017/05/lally-gardner-2013.pdf, letzter Abruf 23.09.21.

28 Robert Taibbi: How to Break Bad Habits: Breaking bad habits isn't about stopping, but substituting. In: Psychology Today 2017. https://www.psychologytoday.com/us/blog/fixing-families/201712/how-break-bad-habits, letzter Abruf 23.09.21.

wohnheit entwickelt und fest im Gehirn verankert ist. Ab dann gelingt uns diese Tätigkeit leicht, denn sie läuft automatisch ab. Diesen erwünschten Zustand erkennst du daran, dass du dich seltsam fühlst und dir etwas fehlt, wenn du das neue Verhalten auslässt. Aber dir muss klar sein, dass es einige Zeit dauern wird, bis sich die neuen Gehirnverbindungen so gebildet haben, dass sie die alten Automatismen ersetzen.

Wie lange das dauert, hängt auch davon ab, wie kompliziert oder aufwendig die neue Gewohnheit ist. Regelmäßig ein Glas Wasser zu trinken, gewöhnt man sich schneller an, als jeden Tag 60 Minuten Yoga zu machen. Deshalb solltest du die Änderung deines Verhaltens (zumindest am Anfang) möglichst klein und überschaubar halten. Wenn beispielsweise jemand, der von Natur aus eher bequem ist, sich mehr bewegen möchte, ist es keine gute Idee, wenn er sich vornimmt, ab sofort zu Fuß den ganzen Weg zur Arbeit oder zur Uni zu laufen, statt mit dem Bus zu fahren. Besser steigt er zunächst lediglich eine Haltestelle früher aus. Sobald ihm dies mühelos gelingt, kann das Ziel auf weitere Haltestellen, die er früher aussteigt, ausgedehnt werden. Studien haben auch gezeigt, dass es für Menschen, die sich gesünder ernähren wollen, auf Dauer erfolgversprechender ist, zunächst kleine Veränderungen ihrer Ernährung vorzunehmen und jene dann allmählich immer mehr auszubauen. Wenn die Bildung einer neuen Gewohnheit in mühelosen, kleinen Etappen erfolgt, erhöht das die Motivation und auch das Selbstvertrauen, dass man es schaffen wird.

Beim Erlernen einer neuen Gewohnheit ist es förderlich, wenn du nur eine einzelne bestimmte Aktion (z. B., einen Apfel zu essen) unter den immer gleichen Begleitumständen (z. B. zu Beginn der ersten Pause) wiederholst. Oft hört man den Ratschlag, um die Motivation für ein neues, gesünderes Ernährungsverhalten aufrechtzuerhalten, verschiedene Früchte mit oder zwischen verschiedenen

Mahlzeiten auszuprobieren. Dieser Ansatz ist aber für die Bildung eines *automatisierten* Verhaltens nicht geeignet.

Welche alte Gewohnheit steht deinem Vorsatz im Weg?
Und welches neue Verhalten ist geeignet, sie zu ersetzen?
Notiere das kurz in deinem Workbook.

Alter Trigger, neue Handlung[29]

Einen Plan zu verwirklichen, ist so ähnlich, als würde man eine kleine Pflanze großziehen. Die Pflanze wächst und entwickelt sich dabei ganz von allein. Jedoch ist es erforderlich, dass du sie regelmäßig gießt. Wenn du das unterlässt, verdorrt die Pflanze.

Auch neue Gewohnheiten verwurzeln sich von allein so in unserem Gehirn, dass sie ohne unser bewusstes Zutun automatisch ablaufen. Aber dafür müssen wir zunächst über einen längeren Zeitraum hinweg aktiv bleiben. Wenn du die Tätigkeit, die für die Verwirklichung des Vorsatzes notwendig ist, nicht fest in deinem Tagesablauf verankerst, dann kommt vermutlich ständig irgendetwas dazwischen. Unvorhergesehen gibt es Ärger mit den Kindern in der Schule, ein neues Arbeitsprojekt erfordert Überstunden, deine Mutter muss zum Arzt gefahren werden … Wenn du darauf wartest, dass du irgendwann Zeit für deine Handlung findest, dann wird deine

29 Gardner B, Lally P, Wardle J: Making health habitual – the psychology of »habit-formation« and general practice. British Journal of General Practice 12/2012 (605), S. 664–666. https://bjgp.org/content/bjgp/62/605/664.full.pdf, letzter Abruf 23.09.21.

Vision mit höchster Wahrscheinlichkeit nie Wirklichkeit. Wenn du diese Handlung jedoch regelmäßig, am besten täglich, mit einigen Minuten fest einplanst, dann wird dir diese Zeitspanne nicht einmal fehlen. Aber sie wird auf Dauer gesehen dein Leben bereichern. Und du tust ab sofort täglich etwas für dich.

»Aber ich muss mich doch jetzt erst einmal kümmern um …«

Achte einmal darauf, welche Folgen solche Aber-Argumente in deinem Kopf haben. Wie sie systematisch verhindern, dass du endlich tatsächlich etwas für dich tust. Diese Aber-Denke haben wir fast alle verinnerlicht, und wir sind es gewohnt, ihr reflexartig zu folgen. Aber es gibt auch die Möglichkeit, genau das für deinen Vorsatz zu nutzen:

Jedes Mal, wenn dein innerer Schweinehund versucht, dich mit einem Aber von deinem Projekt wegzulotsen, sage dir innerlich oder auch laut: »Aber ich will doch … (setze hier deinen Vorsatz ein, vielleicht auch dein Warum).« Z. B. könnte jemand, der den Vorsatz hat, das Meditieren fest in seinen Alltag zu integrieren, sich in einer Situation sagen, in der ihn bestimmte Dringlichkeiten nicht zur Ruhe kommen lassen: »Aber die 2-Minuten-Meditation ist jetzt das Wichtigste für mich! Denn anschließend werde ich in mir ruhend in kürzerer Zeit mehr erledigen.« Übrigens folgt im nächsten Abschnitt die Anleitung für eine solche Kurz-Meditation.

Verknüpfe die neu angestrebte Verhaltensweise mit einem bereits existierenden Schlüsselreiz

Du kannst Handlungen, die für die Verwirklichung deines Vorsatzes erforderlich sind, an eine bereits bestehende Routine koppeln. Durch diesen Trick erfolgt deine Aktion schon sehr bald automatisch. Ein Beispiel: Wenn du morgens aufstehst, trinkst du als Erstes eine Tasse heißes Wasser. Durch die feste Verknüpfung mit einer bereits bestehenden Routine (Aufstehen) ist es nicht erforderlich, darüber nachzudenken, ob du dich jetzt für diese Aktion entscheidest oder nicht. Du machst es einfach!

Beispiele für geeignete Triggermomente sind das Aufstehen am Morgen oder das Zubettgehen am Abend, das Zähneputzen, die Tasse Kaffee oder Tee, das Gassigehen mit dem Hund, die Fahrt zur Arbeit, das Hochfahren des Rechners oder das Nachhausekommen. Sobald du deinen Triggermoment bestimmt hast, erinnert er dich automatisch an deine Wunschhandlung. So behindert die Tätigkeit auch am wenigsten deinen Tagesablauf. Du machst sie einfach, z. B. 15 Minuten lang vor dem Morgenspaziergang mit dem Hund oder, bevor du morgens aus dem Haus gehst. Vielleicht, bevor du ins Fitnesscenter oder abends unter die Dusche gehst.

Hier ein Beispiel von mir, das ich während der Arbeit an diesem Buchmanuskript genutzt habe: »Wenn ich für das Arbeiten am Manuskript den Laptop anschalte, öffne ich gleichzeitig auf meinem Handy die App *Insight Timer* (siehe Seite 101).« Damit habe ich sichergestellt, dass ich mich stets an die Zeitstruktur der Pomodoro-Technik (siehe Seite 99) gehalten habe, und dabei leise meditativ-heitere Musik abgespielt, was mir den Schreibprozess enorm erleichterte.

Lege deine tägliche Aktion, die für die Verwirklichung deines Vorsatzes notwendig ist, am besten vor deine Freizeitaktivitäten. Denn alles, was du dir Schönes oder Angenehmes gönnen möchtest, ist weniger vergnüglich, wenn du währenddessen im Hinterkopf hast, dass du heute noch etwas für dein Ziel tun musst.

Welche Triggermomente eignen sich in deinem Tagesablauf, um eine Minihandlung an sie zu koppeln? Notiere deine Trigger-Handlungs-Kombination im Workbook.

Es ist auch möglich, mehrere kurze Handlungen aneinanderzuhängen. Ein Beispiel dafür wäre: »Wenn ich morgens aufstehe, trinke ich als Erstes eine Tasse heißes Wasser. Direkt nachdem ich das Wasser getrunken habe, räume ich fünf Minuten lang das Zimmer auf. Nachdem ich fünf Minuten das Zimmer aufgeräumt habe, leere ich noch schnell den Geschirrspüler.«

Du kannst eine solche Handlungskette mit einer Belohnung abschließen. Im Beispiel könnte das so aussehen: »… Nachdem ich den Geschirrspüler ausgeräumt habe, lese ich 10 Minuten in meinem Krimi weiter/surfe ich 10 Minuten auf Instagram.«

Wer weniger muss, schafft mehr

Du brauchst das Rad nicht neu zu erfinden

Wenn du überlegst, welche Handlungen oder Aktionen für die Umsetzung deines Vorsatzes notwendig sind, kann es sinnvoll sein, dich in dem Bereich, in dem dein Ziel liegt, weiter kundig zu machen. Vielleicht findest du ein gutes Buch zu deinem Thema oder ein Seminar. Das herauszufinden, wäre übrigens schon einer der ersten Handlungsschritte, die dich deinem Vorsatz näher bringen. Wenn du z. B. Autor werden willst, könnte das Buch »Endlich Autor! Verblüffend schnell zum eigenen Sachbuch-Manuskript« (Schirner Verlag 2020) dir weiterhelfen. Wenn du motiviert, mit stabilem Selbstvertrauen und guten Noten dein Studium beenden möchtest, dann wäre eventuell »Studieren kann man lernen: Mit weniger Mühe zu mehr Erfolg« (5. Aufl. Springer-Gabler 2018) interessant für dich. Was auch immer dein Ziel sein mag, du brauchst das Rad nicht neu zu erfinden. Lasse dich inspirieren von anderen Menschen, die es geschafft haben.

Das geht auch im persönlichen Gespräch. Dazu möchte ich ein persönliches Beispiel teilen. Zu meiner Zeit als Professorin gab es landesweit eine grundlegende Umstrukturierung der Hochschulen. Wegen der damit verbundenen umfangreichen Zusatzaufgaben waren über einen langen Zeitraum alle Dozent/-innen (und auch ich) gestresst und überfordert. Damals habe ich überlegt: Kenne ich irgendeine/-n Professor/-in, der oder die all das souverän und gelassen und trotzdem für alle Betroffenen zufriedenstellend hinbekommt? Unter den über 20 Professor/-innen in meinem Bereich habe ich nur einen entdeckt. Ich bat ihn um ein Gespräch und darum, mir zu verraten, wie er das schaffte. Was er gern tat. Ausschlaggebend war bei ihm, dass er seine Arbeitsprioritäten ausschließlich nach den ihm wichtigen Werten gesetzt hatte.

Kleine Schritte sind der Weg zum Erfolg

Wie du schon weißt, eignen sich besonders leichte Handlungen für den schnellen Aufbau neuer Gewohnheiten. Gestalte deshalb deine Aufgaben so einfach und mühelos klein, dass es unmöglich ist, sie nicht zu schaffen. Gehe 5 Minuten spazieren statt 30 Minuten. Lies 1 Seite in deinem Lehrbuch statt 20 Seiten. Meditiere lediglich 2 Minuten lang, stelle den Wecker jeden Tag 2 Minuten früher, gehe abends 10 Minuten früher ins Bett. Zerlege größere Aufgaben in kleine Teilaufgaben. Bei derart kleinen Handlungsschritten entstehen weder Zweifel noch Widerstand, die sonst häufig die Umsetzung von Vorsätzen begleiten. Und du sorgst mit diesen Minischritten dafür, dass du jeden Tag ein Erfolgserlebnis hast.

Halte die Anforderungen so gering, dass du nicht lange überlegen musst, ob du anfängst. Gestalte deinen Handlungsschritt so kinderleicht, dass weder eine hohe Motivation noch Willensstärke dafür erforderlich sind. Und dann tue ihn einfach – täglich oder regelmäßig. Und immer wieder.

Überlege dir Minihandlungen für deinen Vorsatz.
Notiere sie in deinem Workbook.

Im Laufe der Zeit steigerst du die Anforderungen allmählich – aber ganz langsam. Wann immer du merkst, dass es dir zu viel wird, gehe lieber wieder einen Schritt zurück.

Wähle die Aktionen so, dass sie zu dir passen. Wenn dir das Training im Fitnessstudio nicht liegt, gehe im Wald spazieren oder probiere Yoga aus. Wenn das vom Professor empfohlene Lehrbuch dir zu trocken ist, suche dir ein anderes, das du besser verstehst.

5- oder gar 2-Minuten-Handlungen, das soll funktionieren?

Eine der ersten 2-Minuten-Handlungen, die ich selbst ausprobiert habe, war eine 2-Minuten-Meditation. Und ja, das funktioniert. Wenn du Lust hast, probiere sie einmal aus. Die folgende Meditation dauert, sobald du den Ablauf kennst, weniger als 3 Minuten. Am besten liest du den gesamten Text erst einmal durch. Dann folgst du beim zweiten Lesen den Anweisungen Schritt für Schritt. Sobald du das ein paarmal gemacht hast, hast du den Ablauf im Kopf und brauchst nur noch 2 Minuten dafür.

 ÜBUNG:

2-Minuten-Meditation

Suche dir einen ruhigen Ort, an dem du ungestört bist. Setze dich aufrecht, aber entspannt hin. Schließe sanft deine Augen, und lege die Hände mit den Handflächen nach oben auf den Oberschenkeln ab. Entspanne deine Schultern und Arme, dein Gesicht und deinen Unterkiefer.

1. Das Chin-Mudra

In dieser Minimeditation benutzt du ein Hand-Mudra. Mudras sind energielenkende Handgesten, die aus dem Yoga stammen. Das Wort »Mudra« bedeutet übersetzt »das, was Freude gibt«. Du wirst bemerken, wie diese einfache Handgeste die Energie in und um deine Hände und dann auch in deinem gesamten Körper verändert und beruhigt.

Beim Chin-Mudra berühren sich die Spitzen von Zeigefinger und Daumen, sodass die beiden Finger einen Kreis formen. Das Symbol des Kreises hat viele Bedeutungen, unter anderem steht es für die Einheit, Zeit- und Raumlosigkeit. Der Zeigefinger symbolisiert im Yoga das Ego, der Daumen das universelle, alles durchdringende göttliche Prinzip. Beim Chin-Mudra berühren sich also das individuelle und das universelle Selbst. Das ist genau der Zustand, den man durch eine Meditation erreichen möchte.

Halte nun entspannt dieses Mudra, während die Handrücken weiter auf den Oberschenkeln liegen.

2. Sanft und entspannt atmen

Atme einige Male sanft tief ein und aus. Dabei ist das Ausatmen möglichst länger als das Einatmen. Je sanfter du atmest, desto entspannter und ruhiger wirst du. Dann lasse deinen Atem frei fließen, so, wie er will. Entspanne dich, es gibt nichts Besonderes zu tun. Spüre weiterhin in deine Hände, und beobachte die Wirkung des Mudras.

3. Komme im Hier an

Spüre hin, wie dein Körpergewicht auf der Sitzunterlage ruht. Und wie deine Handrücken die Oberschenkel berühren. Komme bewusst in diesem Raum, in dem du gerade sitzt, an. Vielleicht hörst du Geräusche wie das Ticken einer Uhr oder Autoverkehr in der Ferne.

4. Komme im Jetzt an

Bleibe auch mit deinen Gedanken ganz hier, lasse sie nicht zu Früherem abschweifen oder zu dem, was vor dir liegt. Sei jetzt hier. Dabei hilft es, den Atem zu beobachten, wie sich der Brustkorb hebt und senkt.

5. Komme in dir an

Spüre kurz in deine Füße und Beine, in die Hände und Arme hinein. Komme ganz in dir an.

6. Spüre den Raum, der dich umgibt

Kehre mit der Aufmerksamkeit zurück zu deinem Chin-Mudra und der Begegnung von Individuellem und Universellem. Spüre jetzt auch in den weiten Raum hinein, der dich umgibt. Stelle dir vor, du könntest das Energiefeld außerhalb deiner Körperhülle mit deinen feinstofflichen Sinnen ertasten. Werde zum neutralen Beobachter dessen, was jetzt ist.

Genieße diesen Zustand für eine Weile entspannt.

Und dann, ganz langsam, in deinem eigenen Tempo, kehrst du hierher zurück in den Alltag. Bewege dich etwas, strecke dich, wenn du möchtest. Und spüre kurz nach, wie es dir jetzt geht. Nimmst du einen Unterschied zu vorher wahr?

Falls du heute (noch) nicht so richtig in die Meditation gefunden hast, ist auch das völlig in Ordnung. Du kannst dennoch mit dir zufrieden sein, denn du hast gerade für wenige Minuten meditiert, so wie du es dir vorgenommen hattest. Wenn du diese Übung täglich an mehreren Tagen hintereinander durchführst, wirst du bemerken, wie sie dir allmählich hilft, einen stabilen Ruhepol in dir zu finden. In nur 2 bis 3 Minuten!

Selbst mit einem abgebrochenen Vorsatz Erfolg haben

Ein Vorsatz kann selbst dann eine gute Wirkung zeigen, wenn das Vorhaben vor dem Erfolg abgebrochen wurde. Das belegen Studien rund um die englische Kampagne *Dry January* (auf Deutsch »Trockener Januar«). Wer am *Dry January* teilnimmt, verzichtet freiwillig den ersten Monat des Jahres über auf Alkohol. In England hatte 2014 eine Gesundheitsstiftung zum ersten Mal zu dieser Initiative aufgerufen. Denn in England gehört Alkohol zur häufigsten Todesursache bei den 14- bis 49-Jährigen. Das Konzept kam so gut an, dass es von der britischen Regierung übernommen wurde und seit 2015 jährlich als offizielle Gesundheitskampagne läuft. Der *Dry January* gewinnt jedes Jahr mehr Anhänger, auch in anderen Ländern wie Deutschland.

Psychologen haben 2018[30] untersucht, was es bewirkt, wenn Menschen einen Monat lang auf Alkohol verzichten. Sie fanden heraus, dass der vorübergehende Alkoholverzicht erstaunliche Wirkungen hatte. Und das auch noch Monate später. 71 % der Studienteilnehmer schliefen besser, 67 % hatten mehr Energie, 58 % reduzierten ihr Gewicht, 57 % hatten eine bessere Konzentrationsfähigkeit, bei 54 % verbesserte sich das Hautbild. Fast alle Studienteilnehmer gaben an, dass sie sich bewusst geworden waren, wann und aus welchem Grund sie zum Alkohol griffen. Und dass sie dadurch auch erkannt hatten, dass es in manchen Situationen gar nicht notwendig ist, Alkohol zu trinken. Zudem hatten sie Geld gespart.

---

30 University of Sussex: How »Dry January« is the Secret to Better Sleep and Losing Weight. Neuroscience News 28.12.2018. https://neurosciencenews.com/dry-january-sleep-weight-loss-10397, letzter Abruf 23.09.21.

Interessant ist, dass **diese Veränderungen auch bei den Menschen auftraten, die es nicht geschafft hatten,** den ganzen Januar alkoholfrei zu bleiben, allerdings etwas geringer. Dennoch bewirkte schon allein der Versuch, sich auf die Kampagne einzulassen, die oben genannten Verbesserungen und eine größere Bewusstheit über den eigenen Alkoholkonsum. Der Clou ist dabei, dass durch die von vornherein bestehende zeitliche Begrenzung der Challenge ein Abbruch nicht so schwer wiegt wie bei zeitlich unbegrenzten Vorsätzen.

Eine Freundin erzählte mir, dass sie sich des Öfteren ein Zeitlimit setzt, um herauszufinden, ob eine bestimmte Veränderung für sie passt oder nicht. So hat sie beispielsweise einen Monat lang vegan gelebt und einmal eine Woche lang nicht ferngesehen. Interessant fand ich, was sie über ihren Vorsatz, beim Kaffee auf Milch und Zucker zu verzichten, erzählte. Sie hatte von Anfang an geplant, dass sie diesen Plan wieder aufgibt, sollte ihr der Kaffee nach 3 Monaten in dieser Form immer noch nicht schmecken. Sie fand dann den Geschmack tatsächlich die ersten 2 Monate lang scheußlich. Aber danach veränderte sich ihr Geschmacksempfinden so, dass sie ihren Kaffee bis heute am liebsten pur trinkt.

Die Wirkung eines Neuanfangs[31]

Nicht nur zum Jahresbeginn setzen sich die Menschen gern neue Ziele oder fassen gute Vorsätze. Eine statistische Untersuchung[32] hat ergeben, dass Veränderungen generell eher zum Beginn einer neuen Woche, eines neuen Monats oder eines neuen Jahres angegangen werden. Auch zu Beginn eines neuen Lebensjahres, eines neuen Semesters oder nach Feiertagen wie Weihnachten oder Ostern beschließen viele, ein Projekt in Angriff zu nehmen. Äußere Neuanfänge werden zum Anlass genommen, das Vergangene zu reflektieren und aufgrund dessen, was vorher nicht so lief wie gewünscht, in die neue Zukunft zu starten.

Durch Lebensveränderungen wie einen Umzug, den Wechsel des Arbeitsplatzes oder die Geburt eines Kindes verändern sich häufig auch die Schlüsselreize, die bisher automatisierte Handlungen ausgelöst hatten. Der Triggereffekt verringert sich oder fällt sogar ganz weg. Um das bisherige Verhalten dann weiterhin beizubehalten, müsste man sich bewusst neu dafür entscheiden. Die Umsetzung von Vorsätzen ist deshalb besonders leicht und auch erfolgreich, wenn Menschen ohnehin anstehende Veränderungen ihrer Lebensumstände dafür nutzen. Menschen, die damit Erfolg hatten, gaben an, dass sich durch ihre Lebensveränderung auch die Umstände, unter denen früher das alte, unerwünschte Gewohnheitsmuster auftrat, geändert hatten.

---

31 Wendy Wood, David T. Neal: Healthy through habit – Interventions for initiating & maintaining health behavior change. A publication of the behavioral science & policy association, 2017. https://behavioralpolicy.org/wp-content/uploads/2017/05/BSP_vol1is1_Wood.pdf, letzter Abruf 23.09.21.

32 Dai, H., Milkman, K. L., & Riis, J.: The fresh start effect – Temporal landmarks motivate aspirational behavior. Management Science 2014, 60 (10), S. 2563–2582. https://doi.org/10.1287/mnsc.2014.1901, letzter Abruf 23.09.21.

Die gleiche Wirkung auch ohne Neuanfang

Es ist alternativ auch möglich, für einen Vorsatz dein derzeitiges Umfeld umzugestalten. Du könntest beispielsweise die Kaffeepause im Büro an einen anderen Ort verlegen. Da Gewohnheiten automatische Reaktionen in einem stabilen Kontext sind, kann eine Änderung der äußeren Umstände helfen, die alte Routine abzulegen und eine neue Gewohnheit zu entwickeln und zu verinnerlichen.

Welche Idee kommt dir für deinen Vorsatz? Welchen Schlüssel-reiz könntest du verändern? Notiere es in deinem Workbook.

Sich wie Odysseus an den Mast binden: So wirst du Versuchungen widerstehen[33, 34]

Ein effektiver Trick besteht darin, dass du vorausschauend deinen Handlungsspielraum so einschränkst, dass du gar nicht erst in Versuchung geraten kannst. Damit gelingt es dir selbst in Zeiten, in denen – aus welchen Gründen auch immer – deine Willenskraft und Selbstbeherrschung geschwächt sind, mit einem Vorsatz weiterhin erfolgreich am Ball zu bleiben.

---

33   Alexander Soutschek et. al.: Binding oneself to the mast – stimulating frontopolar cortex enhances precommitment. In: Social Cognitive and Affective Neuroscience, Vol. 12 (4) 2017, S. 635–642.

34   Crockett, M. J. et al.: Restricting Temptations – Neural Mechanisms of Precommitment. In: Neuron 79 2013, S. 391–401.

Ein berühmtes Beispiel dafür ist eine Geschichte von Odysseus, dem Helden aus der griechischen Mythologie. Er war extrem schlau und hat schwierige Situationen oft mit List gemeistert. Die Inseln der Sirenen waren vielen Seeleuten zum Verhängnis geworden, denn während sie den verführerischen Stimmen der Sirenen lauschten, wurden sie willenlos davon angezogen. Ihre Schiffe kamen den gefährlichen Klippen zu nah und zerschellten. Odysseus aber verschloss allen seinen Seeleuten die Ohren mit Wachs, damit sie nichts mehr hören konnten. Seine Ohren blieben offen, weil er einmal die herrlichen Stimmen hören wollte. Er ließ sich an den Schiffsmast fesseln und befahl seiner Besatzung, ihn auf keinen Fall loszubinden, egal, wie er sich aufführen würde. So segelte sein Schiff unbehelligt an den Sirenen vorbei. Und er war der Einzige, der den Gesang der Sirenen je überlebte.

Was könntest du in Bezug auf deinen Vorsatz tun, um es dir selbst unmöglich zu machen, Versuchungen zu erliegen? Mache eine Notiz im Workbook.

Einer der am häufigsten genannten guten Vorsätze für das Jahr 2021 war *Weniger Handy, Computer und Internet*. Bei diesem Vorsatz wäre Folgendes möglich: Es gibt Software, mit der man sich selbst den Zugriff auf Webseiten, Mailserver und andere Elemente im Internet für eine bestimmte Zeit blockieren kann. Man findet im Web einige solcher Apps, teils kostenlos, teils kostenpflichtig, von denen einige sehr kreativ gestaltet sind. Z. B. wachsen mithilfe der Anwendung *Forest* auf dem Handy digitale Bäume. Innerhalb von 30 Minuten wird aus einem Setzling ein ausgewachsener Baum, sofern man das Smartphone in dieser Zeit nicht benutzt. Andernfalls stirbt der Baum.[35]

---

35 https://www.zeit.de/digital/mobil/2015-06/forest-app-kritik-fokussiertes-arbeiten, letzter Abruf 23.09.21.

Strict Workflow ist eine kostenlose Browsererweiterung für *Chrome.*[36]
Es handelt sich dabei im Prinzip um einen Online-Timer für die
Pomodoro-Technik (siehe Seite 99). Nur, dass hier in den 25-minü-
tigen Arbeitsperioden auch alle ablenkenden Webseiten blockiert
werden.

Wer den Vorsatz hat, weniger Bier zu trinken, lagert es besser im
Keller als im Kühlschrank. Oder hat gar keins im Haus.

Wer sich vornimmt, regelmäßig früher aufzustehen als bisher,
könnte einen »weglaufenden Wecker« benutzen. Dieser Wecker auf
Rädern rollt los, sobald er anfängt, zu klingeln, hüpft vom Nachtisch
auf den Boden und entfernt sich vom Bett, während er penetrant
weiterklingelt. Man muss also aufstehen, um ihn abzustellen.

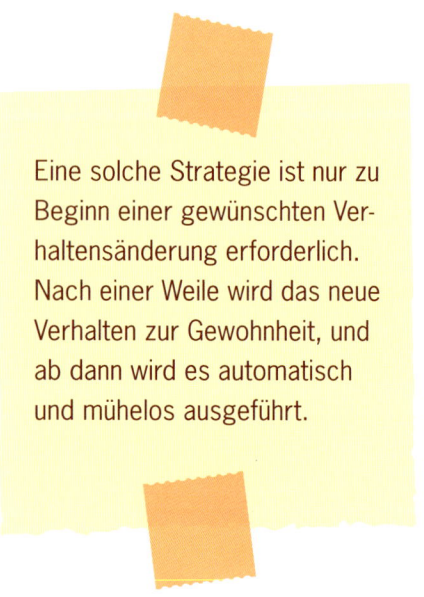

Eine solche Strategie ist nur zu
Beginn einer gewünschten Verhaltensänderung erforderlich.
Nach einer Weile wird das neue
Verhalten zur Gewohnheit, und
ab dann wird es automatisch
und mühelos ausgeführt.

Zu den am häufigsten genannten
guten Vorsätzen für das Jahr 2021
gehört auch *Sparsamer sein.* Hier
wäre es denkbar, per Dauerauftrag
jeden Monat, unmittelbar nachdem das Gehalt eingeht, eine feste
Summe auf ein Sparbuch oder
Sparkonto zu überweisen oder in
einen Sparplan mit Wertpapieren
einzuzahlen. Wer sein Girokonto
häufiger überzieht, könnte freiwillig auf die Möglichkeit eines
Dispokredits verzichten.

36 Infos: https://youtu.be/mok8nMryLGw, das Video ist auf Englisch.

Suche den bequemsten Weg

Vielleicht kennst du so etwas auch: Statt am Wochenende oder abends deine freie Zeit zu nutzen, um zu meditieren oder hinaus in die Natur zu gehen, Yoga zu machen oder etwas zu tun, was du dir schon länger vorgenommen hattest, checkst du deinen Instagram- oder Facebook-Account. Du verbringst ungeplant Stunden im Internet surfend oder vor dem Fernseher, zappst durch die Sender, ohne dabei etwas Bestimmtes oder wirklich Interessantes anzuschauen.

Nach einer solchen Beschäftigung fühlst du dich unbefriedigt oder frustriert. Dennoch passiert es am nächsten Wochenende oder Abend wieder. Aktiv geplante Freizeit wäre besser und würde auch mehr Freude bereiten. Aber es kostet tatsächlich eine gewisse Überwindung, sich dazu aufzuraffen. Der Grund dafür ist, dass Menschen gewohnheitsmäßig, solange sie nicht bewusst darüber nachdenken, immer den bequemsten Weg, den Weg des geringsten Widerstandes und mit dem kleinsten Arbeitsaufwand, wählen.

Faulheit ist unsere Natur

Das ist wissenschaftlich belegt. Z. B. durch eine Studie über Ernährung:[37] Die Probanden hatten dabei die Wahl zwischen Apfelstücken oder Popcorn als Snack. In zwei Versuchsgruppen wurde jeweils eins der beiden Lebensmittel in Reichweite platziert, das andere im selben Raum zwei Meter entfernt. Durchgängig wurde nach dem Snack gegriffen, der bequem zu erreichen war. Auch Menschen, die Popcorn viel lieber mochten als Äpfel, wählten die Obststücke, wenn das Popcorn einige Schritte entfernt stand.

Es ist also hilfreich, sich die alte, unerwünschte Angewohnheit so schwer wie möglich und die neue, angestrebte Gewohnheit so leicht wie möglich zu machen. So könnte also z. B. jemand, der sich mehr bewegen möchte, schon im Voraus sein Auto möglichst weit weg parken, das Fahrrad aber direkt vor die Tür stellen.

Vielleicht bekommst du nun schon eine Idee für deinen Vorsatz?

Die 20-Sekunden-Regel

Um eine neue Gewohnheit zu verinnerlichen, sollten sowohl die Zeit als auch der Aufwand, die erforderlich sind, um mit der Handlung zu beginnen, so gering wie möglich sein. Es sollte deutlich weniger als 20 Sekunden erfordern, um loszulegen. Gleichzeitig ist es günstig, sich selbst das bisherige Verhalten zu erschweren, indem der Einstieg dazu deutlich aufwendiger gemacht wird als bisher. Shawn Achor[38] entdeckte die 20-Sekunden-Regel, als er sich

---

37 Privitera, Gregory J, and Faris M Zuraikat: Proximity of foods in a competitive food environment influences consumption of a low calorie and a high calorie food. Appetite vol. 76 2014, S. 175–179.

38 Achor, Shawn: The Happiness Advantage. Auf Deutsch: Das Happiness-Prinzip – Wie Sie mit 7 Bausteinen der Positiven Psychologie erfolgreicher und leistungsfähiger werden. Narayana Verlag 2020.

vornahm, regelmäßig abends Gitarre zu spielen. Aber nach einem anstrengenden Arbeitstag legte er sich stets, entgegen seinem Vorsatz, nur noch aufs Sofa und schaltete den Fernseher ein. Er hat sich dann überlegt, warum das so ist. Um den Fernseher einzuschalten, benötigte es nur einen einzigen Knopfdruck auf der Fernbedienung. Fürs Gitarrespielen hätte er den Gitarrenkoffer und die Noten aus dem Schrank holen und alles aufbauen müssen.

Er hat die Zeit, die er dafür brauchte, gestoppt: Es hat ihn 20 Sekunden gekostet. Das ist erstaunlich schnell, aber im Vergleich zum Griff zur Fernbedienung war es zu aufwendig. Nachdem Shawn Achor das erkannt hatte, ließ er seine Gitarre ausgepackt neben dem Sofa liegen und entfernte die Batterien aus der Fernbedienung, um sie in einem Schrank in einem anderen Zimmer zu deponieren. Das hat funktioniert. Er stellte fest, dass es ihm abends nach der Arbeit tatsächlich zu viel war, die Batterien aus dem anderen Zimmer zu holen. Stattdessen griff er zur Gitarre, die direkt neben ihm lag. Auf diese Weise konnte er seinen Vorsatz verwirklichen.

- **Gibt es bei dir eine alte Angewohnheit, die die Umsetzung deines Vorsatzes immer wieder vereitelt?**

- **Was müsstest du verändern, damit diese unerwünschte Routine mühsamer wird als die neue, von dir angestrebte Handlung?**

Trage deine 20-Sekunden-Idee in dein Workbook ein.
Und auch das Datum, ab wann du sie umsetzen wirst.

Durchstarten wie eine Rakete

Mel Robbins hatte vor Jahren eine Lebenskrise. Ihre Ehe stand auf der Kippe, und finanziell waren sie und ihr Mann am Ende. Jeden Abend vor dem Einschlafen nahm sie sich vor, am nächsten Tag früher aufzustehen und das Notwendige zu unternehmen, um ihr Leben wieder auf die Reihe zu bekommen. Aber am nächsten Morgen war sie jedes Mal zu müde, um zeitig aufzustehen. Sie verschlief den Vormittag und fühlte sich dann mies und wie eine Versagerin. Den ganzen Tag über kam sie nicht mehr richtig in Schwung.

Eines Tages sah sie im Fernsehen zufällig einen Raketenstart. Dabei kam ihr eine Idee: Sie würde ab dem nächsten Morgen, sobald der Wecker das erste Mal klingelte, auch einen Countdown starten. Sie würde innerlich von fünf bis eins herunterzählen und dann sofort einen Raketenstart aus dem Bett machen.

Das hat funktioniert und ihr ganzes Leben verändert. Denn sie fing an, die 5-Sekunden-Regel, wie sie sie nannte, auch tagsüber anzuwenden, wenn etwas Wichtiges zu tun war, auf das sie aber keine rechte Lust hatte. Mel Robbins schrieb ein ganzes Buch[39] über ihre Methode.

Betrachten wir den Ablauf der 5-Sekunden-Regel am Beispiel eines der am häufigsten genannten guten Vorsätze für das Jahr 2021 *Mehr Zeit für Familie und Freunde:*

- **Dir fällt ein, dass du deine Mutter anrufen solltest. Aber du hast gerade keine Lust dazu.**

---

39 Mel Robbins: Die 5 Sekunden Regel – Wenn du bis 5 zählen kannst, kannst du auch dein Leben verändern. TOPP Verlag 2018.

- **Anstatt lange hin und her zu überlegen, ob und warum du das Telefonat jetzt führen solltest, vergegenwärtigst du dir deinen Vorsatz. Sofort fängst du an, innerlich von 5 bis 1 herunterzuzählen. Deine Gedanken sind mit dem Zählen beschäftigt, sodass kein Raum für Diskussionen in deinem Kopf bleibt.**

- **Sobald du heruntergezählt hast, greifst du zum Telefon. Das ist wichtig: Bei 1 sofort handeln! Bevor dein Verstand begriffen hat, was gerade geschieht, hast du bereits die Nummer gewählt.**

Wenn du das immer wieder und konsequent für eine bestimmte Handlung, die für die Umsetzung deines Vorsatzes wichtig ist, machst, wird jene dir nach einer Weile zur Gewohnheit. Ab dann wirst du sie automatisch und ganz mühelos ausführen.

Wie ließe sich die 5-Sekunden-Regel für deinen Vorsatz nutzen? Trage deine Idee in dein Workbook ein.

Verführung zum Vorsatz[40, 41]

Die amerikanische Professorin Katherine Milkman erforscht, wie unsere unbewussten Automatismen und emotionalen Wünsche regelmäßig das behindern, was wir uns eigentlich vorgenommen haben oder vernünftigerweise tun sollten. Und, was man dagegen tun kann. Von ihr stammt die Idee des *Temptation Bundling* (bedeutet ungefähr »Bündelung mit Versuchungen«, der englische Begriff wird aber auch im Deutschen benutzt). Sie beinhaltet, dass man eine Tätigkeit, die man genießt, mit einer anderen, die vernünftig wäre, man aber nicht besonders mag, verknüpft.

Der Auslöser für Milkmans Forschung war, dass sie sich selbst nur äußerst schwer dazu aufraffen konnte, ins Fitnessstudio zu gehen. Sie hatte stattdessen viel mehr Lust, ihr Hörbuch weiterzuhören. Das kostete sie jeden Tag ein bis zwei Stunden Zeit. Das brachte sie auf die Idee, sich das Hörbuch nur noch dann zu erlauben, wenn sie es während ihrer Übungen im Fitnessstudio hörte. Ab da war sie ständig im Fitnessstudio.

In einer wissenschaftlichen Studie hat sie diese Idee weiter erforscht. Die Teilnehmenden wurden per Zufall in drei Gruppen aufgeteilt: Gruppe 1 hatte nur im Fitnessstudio Zugang zum Hörbuch ihres Lieblingsromans, Gruppe 2 wurde angehalten, das Hörbuch möglichst nur im Fitnessstudio anzuhören, und Gruppe 3 war die Kontrollgruppe

---

40 Brett Tomlinson: Behave! Katherine Milkman studies why we do what we do – and how to change it (Artikel in: The Princeton Alumni Weekly (PAW) 10/2016. https://paw.princeton.edu/article/behave-katherine-milkman-04-studies-why-we-do-what-we-do-and-how-change-it, letzter Abruf 23.09.21.

41 Milkman, K. L., Minson, J. A., & Volpp, K. G.: Holding the Hunger Games Hostage at the Gym – An Evaluation of Temptation Bundling. Management science 60 (2), S. 283–299. https://www.ncbi.nlm.nih.gov/pmc/articles/PMC4381662/pdf/nihms540597.pdf, letzter Abruf 23.09.21.

ohne Vorgaben. Die Menschen in Gruppe 1 besuchten daraufhin das Fitnessstudio 51 % häufiger als vorher, die in Gruppe 2 29 % häufiger.

Dabei schlägt das *Temptation Bundling* zwei Fliegen mit einer Klappe:

- **Es verringert die Zeit, die man mit seiner Ablenkung verbringt, denn es reduziert die Situationen, in denen man sich diese Versuchung erlaubt.**

- **Es erhöht die Wahrscheinlichkeit, dass man sich freudig auf das neue Verhalten einlässt, und erleichtert damit enorm, die neue Angewohnheit zu verinnerlichen.**

So könnte sich jemand, der ständig eine bestimmte Serie anschaut, aber es hasst, zu bügeln, die Serie dann nur erlauben, wenn er sich währenddessen um die Wäsche kümmert. Jemand, der gern einen Podcast hört, aber zu träge ist, sich regelmäßig zu bewegen, könnte sich die Folgen ausschließlich beim Spaziergang erlauben. Jemand, der es liebt, beim Italiener um die Ecke eine Käsepizza zu essen, könnte diese Aktivität damit verknüpfen, sich dort mit seiner Mutter zu treffen.

Gibt es Tätigkeiten, die für das Erreichen deines Vorsatzziels erforderlich sind, die du aber nicht gern machst? Und was könnten deine Versuchungen sein? Also etwas, was du gern tust, isst oder erlebst, aber vernünftigerweise begrenzen solltest oder willst?

Ließe sich deine Vorsatztätigkeit mit einer deiner Versuchungen verknüpfen? Wenn dir dazu etwas eingefallen ist, notiere dein Temptation Bundling im Workbook. Auch das Datum, ab wann du es umsetzen wirst.

Vorsicht vor Unterbrechungen

Um einen Vorsatz zu verwirklichen, müssen die erforderlichen Handlungen konsequent regelmäßig durchgeführt werden. Wird das für mehrere Tage unterbrochen, gelingt es anschließend nur selten, die Tatkraft auf demselben Level zu reaktivieren. Diese Erfahrung habe ich persönlich mit angefangenen Buchmanuskripten gemacht, auch beim Malen von Bildern, beim Stricken von Pullovern oder sportlichen Aktivitäten.

Auch wissenschaftliche Untersuchungen haben das gezeigt:[42] Wenn die neuen Handlungen für eine Woche unterlassen werden, ist die Wahrscheinlichkeit hoch, dass es anschließend nicht mehr gelingt, die angestrebte Gewohnheit mit Erfolg zu verinnerlichen. Jedoch zeigte sich auch, wenn eine für den Vorsatz erforderliche Handlung nur ein Mal ausgelassen und am nächsten Tag direkt wieder ausgeführt wurde, dass das auf Dauer gesehen keinen wesentlichen Nachteil brachte.

Es ist deshalb besser, die für deinen Vorsatz erforderliche Handlung kürzer als sonst zu machen oder sie halbherzig und schlecht gelaunt zu erledigen als gar nicht.

Das Fazit ist also: Einen Tag auszusetzen, kannst du verkraften. Aber schon mit einem zweiten Mal in Folge bringst du deinen gesamten Vorsatz ins Wanken.

Mache, wenn du keine Kraft hast, nur zwei Liegestütze. Denn es steht zu viel auf dem Spiel, wenn du gar nichts tust.

---

42 Lally P, van Jaarsveld CHM, Potts HWW, Wardle J: How are habits formed – modelling habit formation in the real world. European Journal of Social Psychology 40 2010, S. 998–1009. https://onlinelibrary.wiley.com/doi/abs/10.1002/ejsp.674, letzter Abruf 23.09.21.

Vorsatztracker

Eine schriftliche Dokumentation unseres regelmäßigen Verhaltens und unserer Fortschritte begünstigt den Erfolg der Veränderung.[43] Die einfachste Form einer solchen Dokumentation ist, auf einem Übersichtskalender jeden Tag abzuhaken oder anzukreuzen, an dem du für deinen Vorsatz aktiv warst. Besser, weil präziser, ist eine Tabelle, in die du jeweils mit Datum einträgst, wie lange du etwas für dein Ziel getan hast. Auch andere Maßeinheiten sind dabei denkbar, z. B., wie viele Portionen Obst und Gemüse du gegessen, wie viele Gläser Wasser du getrunken, wie viele Liegestütze du gemacht oder wie viele neue Kunden du angerufen hast.

43 Benjamin Harkin, et al.: Does Monitoring Goal Progress Promote Goal Attainment? A Meta-Analysis of the Experimental Evidence. Psychological Bulletin 19.10.2015. https://www.apa.org/pubs/journals/releases/bul-bul0000025.pdf, letzter Abruf 23.09.21.

Aus der Bullet-Journaling-Bewegung stammen die sogenannten *Habit-Tracker* (»Gewohnheitsverfolger«). Ein Bullet-Journal (kurz: BuJo) ist ein selbst gestalteter Planer, der den persönlichen Eigenheiten und Bedürfnissen seines Nutzers gerecht wird. Die Idee des BuJo stammt vom Designer Ryder Carroll.[44] In diesem Buch wird das Grundkonzept der *Habit-Tracker* speziell für das Einhalten von Vorsätzen genutzt. Deshalb nenne ich die entsprechenden Vorlagen »Vorsatztracker«.

Ein Vorsatztracker wirkt so ähnlich wie ein Schrittzähler. Damit sammelt man unbestreitbare Fakten darüber, wie viel (oder wie wenig) man sich tatsächlich täglich bewegt. Er spornt dazu an, ein tägliches Ziel wirklich zu erreichen, und mit jedem Tag fällt es leichter, eine etwas längere Strecke zu laufen. Der nachgewiesene Erfolg motiviert weiter, die Leistung zu steigern. Es ist statistisch belegt, dass ein Schrittzähler einen motivierenden Effekt auf das Bewegungstraining hat.[45, 46]

Die gleiche Funktion und Wirkung haben die Vorsatztracker. Damit protokollierst du grafisch, wie viel du dich täglich oder regelmäßig an deinen Vorsatz hältst. Du siehst auf einen Blick deinen täglichen Einsatz im zeitlichen Verlauf, deine Konsequenz und deine Fortschritte (oder auch Rückschritte).

44 Ryder Carrol: Die Bullet-Journal-Methode – Verstehe deine Vergangenheit, ordne deine Gegenwart, gestalte deine Zukunft. Rowohlt 7. Aufl. 2018.

45 Schrittzähler motivieren zu mehr Sport. www.deutschesgesundheitsportal.de vom 19.01.21. https://www.deutschesgesundheitsportal.de/2021/01/19/schrittzaehler-ms-motivation-zu-mehr-sport/, letzter Abruf 23.09.21.

46 Bravata DM, Smith-Spangler C, Sundaram V, Gienger AL, Lin N, Lewis R, Stave CD, Olkin I, Sirard JR: Using pedometers to increase physical activity and improve health – a systematic review. JAMA 298 (19) 21.11.2007, S. 2296–2304. https://pubmed.ncbi.nlm.nih.gov/18029834, letzter Abruf 23.09.21.

Hier ist ein Beispiel:

Zeittracker

Ab sofort werde ich _100_ Minuten täglich *an 5 Tagen* *an meinem Manuskript schreiben*
(trage hier die geplante Aktivität ein).

Teile deine Minutenzahl durch 10. Das ist deine persönliche Zeitspanne, für die hier
jeweils eins der Ziffernblätter steht. Jedes Mal, wenn du deinen Vorsatz für diesen Zeitraum umgesetzt hast, male eins der Symbole aus. Es ist auch möglich, es nur halb oder
zu einem Viertel auszumalen.

Jede Uhr steht für 10 Minuten.

Abends erfasst du in der zweiten Spalte, wie du dich an dem Tag mental, körperlich und
emotional gefühlt hast. Markiere dazu in der Gefühlsskala das entsprechende Gesicht.

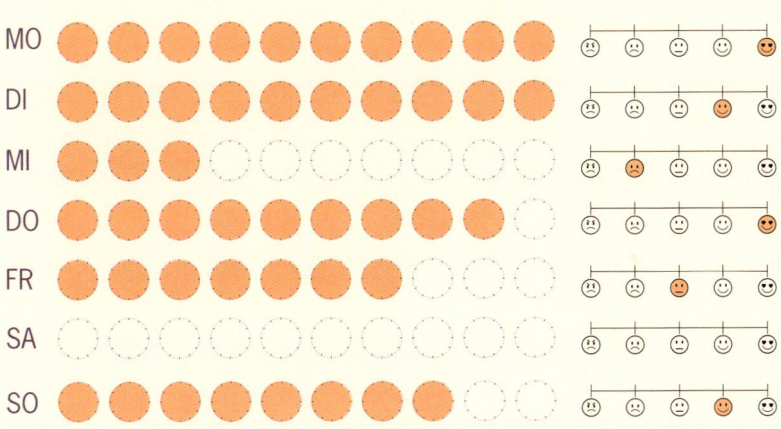

In diesem Tracker kannst du deinen täglichen Zeitaufwand für die Umsetzung deines Vorsatzes und deine Stimmung in Bezug auf deine Konsequenz dokumentieren. Eine Kopiervorlage findest du im Anhang.

Unsere Stimmung ist entscheidend mit dafür verantwortlich, wie gut und wie leicht uns das kontinuierliche Handeln für unsere Vision fällt. Am besten erforschst du sofort, sobald du etwas besonders Positives oder Negatives bemerkst, was die Ursache dafür ist. Dazu kannst du den folgenden Vorsatztracker verwenden.

Ausdauertracker

Markiere den Level deinen Ausdauer mit einem kleinen Pfeil:

		Grund dafür könnte sein:	Was ich daraus lerne:
Montag		Schlecht geschlafen	Nicht bis spät abends am Rechner sitzen
Dienstag		War morgens joggen	Mache ich jetzt regelmäßig
Mittwoch		Hatte Ärger im Job	Arbeite morgens vor der Arbeit 15 Minuten an meinem Vorsatz
Donnerstag			

Ein Tracker, der auch unabhängig von einem aktuellen Vorhaben hilfreich ist, ist der **Trinktracker.** Ich selbst benutze ihn phasenweise, wenn ich bemerke, dass ich – wenn ich z. B. in ein neues Buchprojekt versunken bin und alles um mich herum vergesse – zu wenig trinke. Der Anteil der Erwachsenen, die weniger als den Mindestbedarf von anderthalb Litern am Tag trinken, liegt in Deutschland je nach Bundesland zwischen 26 % und 39 %. Die Hälfte der Berufstätigen vergisst bei Stress das Trinken.[47]

Trinken für mehr Willenskraft und Tatendrang

Wenn du darauf achtest, wirst du bemerken, dass schon ein Glas Wasser deine Konzentration, die geistige Leistungsfähigkeit und deine Stimmung steigert.[48] Eine befreundete Heilpraktikerin erzählte mir, dass in der Traditionellen Chinesischen Medizin (TCM) die Niere das Organ der Willenskraft und des Tatendrangs sei. Nach der TCM stärke alles, was die Nierenkraft unterstützt, auch unsere Willenskraft. Unter anderem ist es gut für die Nieren, 1 ½ bis 2 l Wasser oder Kräutertee pro Tag zu trinken.

Es hilft, wenn du **am Ende des Tages Revue passieren** lässt, was du heute für deinen Vorsatz getan hast. Was dir bei der Umsetzung der erforderlichen Handlung gefallen und dich unterstützt hat und was eher hinderlich war. Auch dafür gibt es im Anhang eine Tracker-Vorlage. Ihre Funktion ist zum einen, dass du dich am Abend an diesen Schritt erinnerst, zum anderen wirst du aufgrund deiner Stichworte nach einer Weile Tendenzen erkennen. Dadurch lässt sich leichter ausmachen, welche Umstände die Verwirklichung deines Vorsatzes erleichtern.

---

47 Trinkstudie 2019 der Techniker-Kasse: https://www.tk.de/resource/blob/2068252/ec60a26997cd43d8cf42c7a589eefb6f/studie--trinkstudie-2019-data.pdf, letzter Abruf 23.09.21.

48 Zusammenstellung wissenschaftlicher Studien über Flüssigkeitsmangel: https://www.trinken-im-unterricht.de/gesundes-trinken/wissenschaftliche-studien, letzter Abruf 23.09.21.

Mache deine Tracker-Einträge bunt

Wenn du Vorsatztracker benutzt, fülle sie am besten mit Buntstiften farbig aus. Es macht das Gesamtbild attraktiver, und das motiviert noch ein bisschen mehr. Wenn wir mehrfarbig zeichnen oder auch schreiben, aktiviert das automatisch Regionen im Gehirn, die für künstlerische und kreative Tätigkeiten zuständig sind. Und Kreativität können wir für die Umsetzung von Vorsätzen gut gebrauchen. Deshalb werden auch in den *Bullet-Journals* die *Habit-Tracker* mit Mustern oder Bildern verziert.

Ich selbst benutze und empfehle *Habit-Tracker* in Papierform, die du dir dort aufhängst, wo du sie häufig siehst. Es gibt auch Tracker-Apps fürs Handy. Infos dazu findest du, wenn du im Web nach »Habit Tracker App« (oder »Habit Tracker App deutsch«) suchst.

Raffiniertes Zeitmanagement

Zeitmanagement-Trick #1:
Zwischen wichtig und dringend unterscheiden

Das folgende Entscheidungsraster stammt aus dem Zeitmanagement. Anstehende Aufgaben werden dabei mithilfe der Kriterien *wichtig* und *dringend* beurteilt. Diese beiden Kriterien können auch helfen, zu entscheiden, welche Vorsätze du tatsächlich in Angriff nehmen willst.

Um zu erkennen, ob eine Tätigkeit wichtig ist, überlegst du dir, was geschieht, wenn du sie nicht oder nur unzureichend erledigen würdest. Wenn das keine bedeutsamen Konsequenzen hätte, dann ist diese Tätigkeit oder Aufgabe nicht wichtig.

Alle Tätigkeiten, die bis zu einem Zeitpunkt, der in der nahen Zukunft liegt, abgeschlossen sein müssen, sind dringliche Aufgaben.

	nicht dringend	dringend
wichtig	Muss ich angehen, aber nicht sofort: Dafür einen festen Termin planen.	Muss ich unbedingt zeitnah angehen.
unwichtig	Hier kann ich Zeit und Kraft einsparen: Ich lasse es sein!	Solche Tätigkeiten, so weit es geht, reduzieren oder delegieren.

Es ist hilfreich, das obige Raster im Kopf zu haben, wenn es um Vorsätze geht. Fragen, die du dir in Bezug auf deine Handlungen stellen kannst, sind: »Ist das *jetzt* wirklich wichtig? Oder werde ich gerade wieder von Dringlichkeiten hypnotisiert? *Wann* werde ich die für meinen Vorsatz wichtigen Aufgaben angehen?«

In der Hektik des Alltags erscheinen uns dringende Aufgaben wichtig. Solange wir nicht bewusst darüber nachdenken, hat fast immer das Dringliche für uns die oberste Priorität. Stattdessen sollte unser Fokus unbedingt auf dem liegen, was wichtig ist.

Zeitmanagement-Trick #2: Parkinsons Gesetz

Laut dem britischen Historiker, Soziologen und Publizisten Parkinson passt sich die Zeitdauer, die jemand für die Erledigung einer Aufgabe braucht, der ihm zur Verfügung stehenden Zeit an. Er veröffentlichte dieses »Gesetz« 1955 im britischen Wirtschaftsmagazin *The Economist*,[49] um damit die Ineffizienz der britischen Bürokratie zu kritisieren.

Parkinson erläutert das Prinzip am Beispiel des Postkartenschreibens: Eine ältere Dame benötigt hierfür fast einen ganzen Tag. Sie geht los, um die Karte zu kaufen, und sucht diese mit Bedacht im Laden aus. Wieder zu Hause, sucht sie erst ihre Brille und anschließend die Postadresse. Sie überlegt lange, was sie schreiben möchte. Dann verfasst sie ihre Botschaft und trägt die Karte zum Briefkasten. Im Gegensatz dazu würde eine viel beschäftigte Unternehmerin für die gleiche Aufgabe nur wenige Minuten einplanen, da ihr dafür

---

49 The Economist Band 177, Nr. 5856, 19. November 1955, S. 635–637.

nicht mehr Zeit zur Verfügung steht. Und sie würde in dieser kurzen Zeit auch damit fertig werden.

Es ist gut, sich daran zu erinnern, wenn es an die Umsetzung von Vorsätzen geht, denn oft lassen sich die erforderlichen Handlungen vereinfachen und verkürzen.

Zeitmanagement-Trick #3: Die Pomodoro-Technik

Die Pomodoro-Technik stammt aus den 1980er-Jahren und ist mittlerweile weitverbreitet. Sie hilft, Aufgaben zeiteffizient und produktiv zu erledigen.

Der Italiener Francesco Cirillo[50] entdeckte in einer stressigen Phase seines Studiums die Pomodoro-Technik zufällig. Er fühlte sich damals überfordert und auch blockiert, weil er zu viele Aufgaben gleichzeitig zu erledigen hatte. Er war so im Stress, dass er es nicht schaffte, sich dazu durchzuringen, überhaupt mit etwas anzufangen. Seine kleine Küchenuhr, die die Form einer Tomate hatte (das italienische *pomodoro* heißt »Tomate«), brachte ihn auf eine Idee: Er stellte den Zeitmesser auf 25 Minuten und nahm sich vor, diesen überschaubaren Zeitraum lang fokussiert an einer der Aufgaben zu arbeiten. Anschließend würde er sich ohne ein schlechtes Gewissen eine 5-minütige Pause gönnen. In diesen 25 Minuten schaffte Cirillo so erstaunlich viel, dass er dieses Zeitraster beim Weiterarbeiten beibehielt.

Der Clou der Pomodoro-Technik ist, dass durch das Unterteilen der Aufgaben in kleine Einheiten der Einstieg leichter fällt. Die Aussicht auf die relativ kurze Tätigkeit erlaubt kaum, innere Widerstände zu entwickeln, und es ist gut machbar, konzentriert, ohne Ablenkung

---

50 Cirillo, F.: The Pomodoro Technique – The Life-Changing Time-Manangement System. Virgin Books 2018.

und zielgerichtet zu arbeiten. Diese Technik bewirkt außerdem automatisch eine Verschiebung aller Unterbrechungen in die Pausen. Es ist leichter, die Willenskraft für 25 Minuten konsequentes Arbeiten aufzubringen, wenn man weiß, dass man sich danach einen Kaffee kochen oder kurz das Handy checken kann. Die vielen kurzen Pausen wirken als Belohnung, ohne dass man dabei ein schlechtes Gewissen bekommt. So erhöht sich insgesamt die Motivation, und das Arbeiten fühlt sich weniger anstrengend an. Das Zeitraster unterstützt dabei, sich auf das Wesentliche zu fokussieren.

Durch die Aneinanderreihung mehrerer solcher Pomodoro-Einheiten ist es möglich, aufmerksam und ohne Störung an einer Aufgabe zu arbeiten, die einen normalerweise nerven oder überfordern würde. Aufgrund der kurzen Zeitintervalle zum Arbeiten und der vielen Pausen zwischendurch bleibt man entspannter und arbeitet deutlich effektiver als sonst.

ÜBUNG:

Die Pomodoro-Technik

Alles, was du dazu brauchst, sind ein Timer und ein Blatt Papier.

Du wählst eine Tätigkeit, die zur Umsetzung deines Vorsatzes gehört, notierst sie kurz und verpflichtest dich innerlich, unbeirrt den folgenden Schritten zu folgen:

1. **Den Timer auf 25 Minuten stellen.**

2. **Während dieser Zeit ohne Unterbrechung konzentriert bei dieser einen Aufgabe bleiben.**

3. Dir nach den 25 Minuten eine 5-minütige Pause gönnen.

Bei umfangreicheren Arbeiten hängst du mehrere solcher 30-minütigen Einheiten aneinander. Dabei folgt dann nach jeweils vier Arbeitseinheiten eine längere Pause von 30 Minuten.

Je nach Art der Aufgabe können die Zeiteinheiten auch kürzer oder länger als 25 Minuten sein. Spätestens nach 45 Minuten solltest du aber eine kleine Pause einlegen, da sich sonst die Durchhaltekraft erschöpft.

Mein Timer-Tipp

Bei den Recherchen für dieses Buch habe ich nach Timer-Apps fürs Handy geschaut. Dabei habe ich *InsightTimer* entdeckt, eine kostenlose Meditations-Timer-App. Die Stoppuhr ist nur ein Teil der Software. Was ich an diesem Timer besonders mag, ist, dass man Hintergrundgeräusche einstellen kann. Du kannst wählen zwischen verschiedenen meditativen Musikstücken oder Naturgeräuschen wie Wellenrauschen, Vogelgezwitscher und Grillenzirpen. Es gibt auch einen Gong- oder Klangschalensound, der den Beginn deiner Arbeitsphasen markieren kann.

Tipp: Ich benutze die Pomodoro-Technik gern beim Bücherschreiben. Dabei spiele ich im Hintergrund Musik ab, denn ich gehöre zu den Menschen, die mit Musik besser als ohne arbeiten können. Gerade wenn ich gestresst bin oder im Zweifel, ob ich es schaffe, eine Deadline einzuhalten, entspannt mich die Musik zusätzlich. Ich wähle (oder beschneide) dabei die Länge des Stücks so, dass sie genau zu meiner Pomodoro-Einheit passt.

Ich habe mir für die Pomodoro-Technik zwei verschiedene Timer in dieser App eingerichtet: eine mit instrumentaler, meditativer Musik, die 25 Minuten lang spielt, und eine zweite mit Vogelgezwitscher für die 5-minütigen Pausen. Für mich ist damit die Pomodoro-Technik noch attraktiver und motivierender geworden.

Meine Erfahrungen mit der Pomodoro-Technik

Es ist erstaunlich, wie viel weniger kräftezehrend ich Tätigkeiten bei der Anwendung der Technik empfinde. Die 25 Minuten vergehen verblüffend schnell, weil man sehr konzentriert bei der Sache ist. Bei mir waren sie jedenfalls immer um, *bevor* ich die Nase voll hatte.

Ich bin mir selbst bzw. meinem inneren Schweinehund erst durch den konsequenten Einsatz der Pomodoro-Technik beim Schreiben an einem Buchmanuskript auf die Schliche gekommen – und war selbst verblüfft. Da kam beispielsweise bereits 10 Minuten, nachdem ich begonnen hatte, zu arbeiten, ein Impuls, mal eben schnell zur Toilette zu gehen. Dem hätte ich normalerweise, ohne weiter darüber nachzudenken, nachgegeben. Ich habe es mir aber bei der Pomdoro-Technik – völlig ohne Probleme – verkniffen, da es ja nur noch 15 Minuten bis zur nächsten Pause waren. Und ich hatte mich ja mir selbst gegenüber verpflichtet, 25 Minuten lang konsequent am Stück zu arbeiten.

Beim Überarbeiten eines früheren Textstandes habe ich jeweils die ausgedruckten Seiten des älteren Manuskripts, nachdem ich sie am Laptop überarbeitet hatte, beiseitegelegt. Da kam der Impuls, diese eben schnell im Nebenraum ins Altpapier zu legen. Oder ich bekam die Idee, doch schnell einen Begriff nachzuschlagen. All das wären Unterbrechungen meines konzentriert-effektiven Schreibprozesses gewesen. Und ich vermute stark, dass ich, wenn ich mich nicht vorher für 25 Minuten verpflichtet hätte, diese Ablenkmanöver meines inneren Schweinehundes nicht entlarvt hätte.

Sofern es zu deinem Vorsatz passt, probiere den Pomodoro-Trick einmal aus. Er ist mehr als nur eine kraftsparende Arbeitstechnik. Er ist ein spannendes Experiment und eine gute Erziehungsmaßnahme für unseren inneren Schweinehund, der dabei deutlich weniger Chancen hat, den Arbeitsfluss zu stören.

Mit anderen zusammen mehr erreichen

Umgib dich, solange dein neues Verhalten noch nicht stabil ist, mit Menschen, die deinen Vorsatz unterstützen. Suche die Nähe zu Menschen, die *nicht* deine alten Trigger aktivieren. Es kann sinnvoll sein, dein Umfeld in deine Pläne einzuweihen. Z. B. könntest du Kolleg*innen oder Freund*innen erzählen, dass und warum du ab heute nicht mehr mit ihnen zum Rauchen nach draußen gehst. Du könntest deine Freund*innen oder deine Familie darum bitten, beim gemeinsamen Filmeabend vorübergehend keine Naschereien auf den Tisch zu stellen. Überlege, was möglich ist. Wenn du sie nicht fragen willst oder sie nicht darauf eingehen, wäre es vielleicht vorteilhafter, gemeinsamen Filmeabenden eine Zeit lang fernzubleiben, bis deine neue Gewohnheit, nicht mehr beim Fernsehen zu naschen, an Festigkeit gewonnen hat.

Erzähle jemandem von deinem Vorsatz, dessen Meinung dir wichtig ist

Wir profitieren davon, wenn wir unsere Vorsätze mit jemandem teilen, dessen Meinung wir wertschätzen.[51] Das motiviert uns zum Durchhalten, weil es uns wichtig ist, was diese Person von uns hält.

Gleichgesinnte finden

Wenn du dir etwas vorgenommen hast wie, regelmäßig zu joggen, Yoga oder Spanisch zu lernen, gibt es in deiner Nähe sicherlich entsprechende Kurse, die du besuchen könntest. Abgesehen davon, dass dir dort ein Fachkundiger Schritt für Schritt alles Nötige beibringt, begegnest du auch anderen, mit denen du dich bei Fragen oder Schwierigkeiten austauschen kannst. Du lernst dort Gleichgesinnte kennen, die dasselbe Ziel haben wie du. Dadurch wird die Umsetzung deines Vorhabens zu einer unterhaltsamen Beschäftigung nach Feierabend.

Geteiltes Leid ist halbes Leid: Eine Vorsatzgemeinschaft bilden

Wenn es bei deinem Vorsatz um irgendeine Art von Schreibtischarbeit geht, das Verfassen einer Abschlussarbeit oder eines Buches, die Erstellung eines Businessplans oder Ähnliches, gibt es einen Trick, der mir selbst schon gute Dienste geleistet hat. Durch ihn stellst du sicher, dass du dich auch wirklich zum Arbeiten hinsetzt und in dieser Zeit konzentriert bleibst.

Du tust dich dazu mit anderen zusammen, die einen ähnlichen Vorsatz haben (wobei das Thema inhaltlich nicht dasselbe sein muss), um zur gleichen Zeit gemeinsam zu arbeiten. Ihr könnt euch dafür

---

51 Klein, H. J., Lount, R. B., Jr., Park, H. M., & Linford, B. J.: When goals are known – The effects of audience relative status on goal commitment and performance. Journal of Applied Psychology 105 (4) 2020, S. 372–389.

zu einer Online-Videokonferenz verabreden. Mit eingeschalteter Webcam seht ihr euch gegenseitig per Video, während ihr gleichzeitig arbeitet – jeder bei sich zu Hause an seinem Schreibtisch. Dabei ist es nicht erforderlich, dass ihr dieselbe Tätigkeit habt, sondern nur, dass jeder von euch eine Schreibtischaufgabe hat, für die er oder sie Gesellschaft und moralische Unterstützung sucht. Man könnte sich natürlich ebenso auch für andere Tätigkeiten wie Gymnastik oder Yoga online verabreden. Das spart auch Zeit, weil An- und Abreisezeiten entfallen.

Ihr könnt für die zeitliche Strukturierung eures Termins die Pomodoro-Technik benutzen. Jeder überlegt *vor* dem Treffen, was er oder sie in der gemeinsamen Zeit für seinen Vorsatz erledigen möchte. Es kann sinnvoll sein, dass ihr euch zu Beginn der Arbeitsphase etwas Zeit einplant, um euch zu begrüßen und auszutauschen. Legt auch dafür eine feste Zeitspanne fest. Während des Arbeitens seht ihr einander am Schreibtisch sitzen, und es ist wirklich fast so, als würdet ihr Schreibtisch an Schreibtisch in einem großen Büro sitzen.

Ich persönlich mag solche virtuellen Arbeitstreffen, weil es mir dabei leichter fällt, auch bei einer schwierigen Aufgabe so lange wie geplant am Ball zu bleiben. Bei größeren Projekten (wie beim Schreiben eines Buches oder einer Abschlussarbeit) sind auch längere Zeiträume der Zusammenarbeit denkbar, z. B. halbe oder ganze Tage. Legt immer vorher gemeinsam einen Zeitplan fest. Wie lange soll jeweils eine gemeinsame Arbeitseinheit dauern? Wie lange ist dann eine Pause? Es ist auch möglich, in einer der längeren Pausen einen Kaffee oder einen Snack gemeinsam vor der Kamera und miteinander plaudernd einzunehmen. Auch das habe ich bei solchen virtuellen Arbeitstreffen schon erlebt. Dadurch hat sich das Gefühl, wirklich als Gruppe zusammenzuhalten, noch einmal verstärkt.

TROUBLESHOOTING: WAS DIR HILFT, WENN DIR DIE UMSETZUNG DES VORSATZES EINMAL SCHWERFÄLLT

Auf kleine Rückfälle vorbereitet sein

Es wurde untersucht, was Menschen, denen es gelungen ist, erfolgreich Nichtraucher zu werden, von denen unterscheidet, die auch diesen Vorsatz hatten, ihn aber auf Dauer nicht einhalten konnten.[52] Auf dem Weg zum Nichtraucher passiert es den meisten, dass sie trotz ihres Entschlusses einmal schwach werden und doch ein oder zwei Zigaretten rauchen. Diejenigen, die ihren Vorsatz später verwirklicht haben, ließen sich von einem solchen kleinen Rückfall nicht entmutigen. Sie haben im Gegenteil den Vorfall genutzt und überlegt, welche äußeren Umstände sie dazu verführt hatten. Daraufhin mieden sie gezielt diese Orte oder Personen.

Dagegen war für diejenigen, denen es auf Dauer nicht gelungen ist, Nichtraucher zu werden, schon ein einziger Rückfall der Beweis, dass sie versagt hatten und dass sie es auf Dauer niemals schaffen

---

52 Marlatt, G. A., Curry, S., & Gordon, J. R.: A longitudinal analysis of unaided smoking cessation. In: Journal of Consulting and Clinical Psychology, 56(5) 1988, S. 715–720. https://doi.org/10.1037/0022-006X.56.5.715, letzter Abruf 23.09.21.

könnten, das Rauchen wirklich aufzugeben. Marlatt weist in seinem Artikel darüber[53] explizit darauf hin, dass diese Erkenntnis über den Umgang mit kleineren zwischenzeitlichen Rückfällen auch bei anderen Vorsätzen helfen kann, Erfolg zu haben.

In diesem Kapitel findest du Tipps, Tricks und Übungen für Tage, an denen es dir vorübergehend schwerfällt, deinen Vorsatz umzusetzen. Es ist gut, sich bewusst zu machen, dass bei *jedem* die Stimmung und die Motivation, die Willenskraft und die Standfestigkeit beim Umsetzen eines Vorhabens schwanken. Es gibt Momente, da haben wir einfach keine Lust, konsequent zu sein. Es wird auch Phasen geben, in denen du zweifelst, ob du es wirklich schaffen kannst. Und ob dieser Plan überhaupt die richtige Idee war. Mache dir bitte bewusst: So geht es allen. Das ist völlig normal und kein Grund zur Sorge.

Wichtig ist, auch an solchen Tagen trotzdem aktiv zu bleiben. Dafür sind die Übungen in diesem Kapitel gedacht. Du kannst sie an solchen Tagen entweder vor dem geplanten Handlungsschritt oder auch *stattdessen* ausführen.

---

53 Ebd.

Höre auf, dir Sorgen zu machen

Alle Tipps und Übungen aus diesem Kapitel haben die Funktion, Zweifel oder Unlust zu mildern. Angestrengt zu grübeln, bringt dich an solchen Tagen auch nicht weiter. Wenn du dich das nächste Mal bei einem Denkanfall voller Zweifel oder Unmut erwischst, frage dich:

- **»Habe ich irgendeinen Vorteil dadurch, dass ich jetzt so denke?«**

- **»Wie würde sich mein innerer Zustand ändern, wenn es mir gelänge, diesen Gedankenfluss zu stoppen?«**

Triff Vorsorge

Wenn es dir schwerfällt, mit deinem Vorsatz am Ball zu bleiben, wirst du höchstwahrscheinlich nicht die Muße haben, dieses Kapitel noch einmal ganz zu lesen. Deshalb rate ich dir, dir schon jetzt für den Fall der Fälle, sozusagen prophylaktisch, zwei bis drei der hier vorgeschlagenen Übungen auszusuchen und sie dir kurz im Workbook (mit Seitenzahl) zu notieren. Dann hast du sie, wenn du sie brauchst, sofort parat.

Kleine Notfallapotheke

Die nächsten drei Übungen helfen, innerlich schnell wieder ruhiger und klarer zu werden.

Unangenehme Gefühle rausschreiben

Aufgaben oder Tätigkeiten, die uns fremd sind, lösen oft Unsicherheiten in uns aus. Wenn wir uns sorgen, unsicher oder im Widerstand sind, blockiert dies das Kurzzeitgedächtnis, und deshalb steht uns dann nicht mehr genug Arbeitsspeicher zur Verfügung. Wir sind dann nicht mehr in der Lage, die Leistung zu liefern, die wir erbringen könnten, wenn wir unser gesamtes Kurzzeitgedächtnis zur Verfügung hätten.

Es ist erwiesen, dass es hilft, wenn Betroffene in solchen Momenten ihre Gefühle und Ängste unzensiert zu Papier bringen.[54] Wenn du in so einer Situation deine Sorgen und Zweifel aufschreibst, behebt dieses »Rausschreiben« innerhalb weniger Minuten die Blockade des Kurzzeitgedächtnisses. Dann ist es wieder möglich, kraftvoll zu agieren.

ÜBUNG:

Frust rausschreiben

Lege dir dafür Papier und einen Stift bereit. Stelle einen Timer auf 5 Minuten, und schreibe, ohne viel darüber nachzudenken, alles auf, was dich gerade in Bezug auf deinen Vorsatz belastet.

---

54 Ramirez G., Beilock SL.: Writing About Testing Worries Boosts Exam Performance in the Classroom. In: Science Vol. 331, Issue 6014 2011, S. 211–213.

So überwindest du ein Hindernis

Stelle dir vor, du hast dich endlich aufgemacht und bist auf dem Weg zu deinem Ziel. Nachdem du schon eine Weile gegangen bist und eine längere Strecke zurückgelegt hast, blockiert plötzlich ein Erdrutsch auf ganzer Breite deinen Weg. Links neben dem Weg geht es steil, fast senkrecht, hinunter. Rechts ragt eine glatte Felswand steil, fast senkrecht, in die Höhe. Der riesige Geröllhaufen setzt sich aus vielen kleinen Steinen, aber auch quadratmetergroßen Brocken zusammen.

Hast du eine Idee, was die großen Felsbrocken für dein reales Ziel bedeuten könnten? Was die vielen kleinen Steine? Falls nicht, ist das auch in Ordnung, mache trotzdem mit der Geschichte weiter.

Mit welchem Werkzeug oder mit welcher Magie ließe sich dieses Hindernis jetzt überwinden? Vielleicht reicht eine Art großes Klettergerüst, um über den Geröllberg zu kommen. Oder du schnallst dir einen Propeller auf den Rücken und kannst damit fliegen wie Karlsson vom Dach. Oder es wird mit einem riesigen Drillbohrer ruckzuck ein Tunnel mitten durch den Geröllhaufen gebohrt. Oder du teleportierst dich auf die andere Seite. Oder du entdeckst plötzlich direkt neben dir in der Felswand die Tür zu einem komfortablen Fahrstuhl, mit dem du bis zum Gipfel fährst, von wo du einen atemberaubenden Blick hast. Oder du wachst auf aus deinem Albtraum, dass da ein riesiges Hindernis deinen Weg blockiert, und stellst fest, dass dein Weg in Wahrheit frei ist.

Wie sieht deine Lösung aus? Wähle einen der obigen Vorschläge, oder finde ein anderes, für dich noch stimmigeres Bild. Finde eine Lösung, die dich schmunzeln lässt und dich in einen Zustand von

Leichtigkeit und Zuversicht versetzt. Mache in deiner Vorstellung den Weg für dich frei.

Was könnte dein Lösungsbild zur Überwindung des Hindernisses für deinen Vorsatz bedeuten? Wie machst du deinen Vorsatz wahr? Falls du jetzt spontan noch keine reale Umsetzung erkennen kannst, ist das auch in Ordnung.

Gehe zurück in die Geschichte, und folge nun völlig unbehelligt weiter dem Weg bis zum Ziel. Spüre dabei, wie erleichtert du bist. Nun spürst du auch die Freude auf den Moment, an dem du dein Ziel erreicht und deinen Plan wahr gemacht hast. Und in dieser Vorstellung weißt du nun auch, dass dich nichts mehr aufhalten kann. Denn du würdest nun auch jedes andere Hindernis überwinden können.

Die innere Vorstellung solcher Lösungsgeschichten oder symbolhafter Lösungen kann uns genauso stärken und ermutigen wie rationale Strategien. Du kannst mit deinen Vorstellungen, Geschichten oder Symbolen die Umsetzung deines Vorsatzes intuitiv-spielerisch unterstützen.

2-MINUTEN-VISUALISIERUNGSÜBUNG:

Deinen Vorsatz erhellen

Für diese Übung benötigst du eine Kerze.

Wähle einen Ort, an dem du ungestört bist, und zünde deine Kerze an. Schließe die Augen, entspanne deine Schultern und dein Gesicht. Atme ein paarmal sanft ein und aus. Lasse kurz Revue passieren, was du derzeit mit deinem Vorsatz erlebst und tust. Denke an die Situation, die du verändern und verbessern willst.

Nun öffne langsam deine Augen, und schaue mit weichem, empfänglichem Blick die Kerzenflamme an. Stelle dir vor, du würdest mit jedem Einatmen das Licht in dich, in den Vorsatz und die Situation aufnehmen. Und du würdest beim Ausatmen zusammen mit der verbrauchten Atemluft auch alles Schwere und Belastende abgeben und zur Transformation dem Feuer überreichen. Atme so einige Male.

Visualisiere, wie mit jedem Einatmen Licht in deinen Vorsatz und in deine Situation strömt und sie erhellt. Du hast bereits die Essenz deines ganzen Vorsatzes in nur einem Wort festgehalten. Dieses Wort kannst du jetzt bei jedem Einatmen des Lichtes innerlich wiederholen.

Führe diese Übung fort, solange sie dir guttut – wenige Minuten reichen. Besonders schön ist es, sie abends vor dem Einschlafen durchzuführen.

Den Vorsatz mit anderen Augen betrachten

Im alltäglichen Leben werden wir von unseren Prägungen gesteuert, von Konzepten und Überzeugungen aufgrund früherer Lebenserfahrungen. Unsere Wahrnehmung ist deshalb beschränkter, als es uns bewusst ist. Das ist keine optimale Ausgangslage, wenn wir eine Veränderung im Leben anstreben – und genau darum geht es ja bei Vorsätzen. Aber es ist möglich, neu hinzuschauen und die Situation anders wahrzunehmen als bisher. Du kannst das, was du ändern möchtest, und die dir dabei zur Verfügung stehenden Möglichkeiten mit neuen Augen betrachten. Dabei wirst du erkennen, dass mehr in deiner Macht liegt, als du bisher dachtest.

KONTEMPLATIONSÜBUNG:

Betrachte deinen Vorsatz mit anderen Augen

Schließe deine Augen, atme ein paarmal sanft ein und aus, und entspanne bewusst deinen Körper. Wähle eine typische Situation oder ein Verhalten aus, die oder das du durch deinen Vorsatz verändern und verbessern möchtest.

Denke dann an eine andere Person, die bei dem Thema oder in der Situation eine Rolle spielt, oder jemanden, den du dir als kompetente/-n Berater/-in für dein Vorhaben wünschst. Das kann ein Vorbild sein oder jemand, der in dem Lebensbereich besonders kompetent und erfahren ist – ein lebender Mensch wie der berühmte Coach Anthony Robbins oder auch ein schon verstorbener wie die für ihren enormen Mut bekannte Johanna von Orléans, eine fiktive

Figur wie Katniss Everdeen oder aber beispielsweise deine Katze. Folge bei der Wahl eines Beraters deinem ersten Impuls.

Schlüpfe jetzt in deiner Vorstellung in den Körper deines Beraters oder deiner Beraterin. Nimm seine oder ihre Haltung ein, betrachte die Situation und insbesondere dich und das, was du derzeit tust und planst, durch die Augen des oder der anderen. Stelle dir vor, du hörst durch seine oder ihre Ohren. Lasse dir Zeit dabei.

Was denkt der oder die andere über dich und die Situation? Würde dein/-e Ratgeber/-in dir empfehlen, in einem Bereich aktiver zu werden oder etwas anders anzugehen als bisher? Oder dich mehr zurückzuhalten? Vielleicht hat er oder sie aufgrund seiner oder ihrer Erfahrung eine Erklärung für das, was hier geschieht, an die du bisher noch nicht gedacht hast. Erkennt er oder sie Handlungsalternativen, die dir bisher noch nicht in den Sinn gekommen sind? Welche Worte der Ermutigung hat er oder sie für dich?

Du kannst dich auch fragen, was du selbst als erwachsener, in dir ruhender und selbstbewusster Mensch in dieser Situation denken und tun würdest. Mache dir im Anschluss an die Visualisierung bewusst, dass du bereits dieser erwachsene und selbstbewusste Mensch bist.

Die Beobachterposition

Eine andere Perspektive, die wir in unserer Vorstellung einnehmen können, ist die eines völlig neutralen Beobachters. Diese Sichtweise bietet die Möglichkeit, einmal aus dem automatischen Interpretieren und spontanen Bewerten jeglicher Erlebnisse auszusteigen – zumindest so lange, wie wir diesen Blickwinkel beibehalten. Das ist, gerade in Lebenssituationen, die uns belasten oder stressen, wohltuend und oft erhellend. Es bringt sofort spürbare Erleichterung, für eine Weile einmal nicht alles, was wir sehen, hören, fühlen und erleben, sofort als gut oder schlecht einzustufen. Wir sind es seit unserer Kindheit gewohnt, Erlebnisse unmittelbar in die Schubladen »Das mag ich« oder »So will ich es nicht« zu stecken, denn wir wurden kollektiv über Generationen hinweg so geprägt. Aber wir brauchen nicht immer für alles nach einer Erklärung zu suchen. Es ist auch möglich, das Geschehen wahrzunehmen, ohne es zu interpretieren.

Dieser Blickwinkel und der damit verbundene innere Zustand sind nicht mit Selbstbeherrschung zu verwechseln. In der Beobachterposition gibt es keinen Impuls, etwas zu unterdrücken oder zu verändern. Alles, was geschieht, wird so gesehen und auch angenommen, wie es eben ist. Selbst dann, wenn du in der Beobachterposition entdeckst, dass du einen Fehler gemacht hast, dass du leidest oder dass du dich unangemessen oder ungeschickt verhältst. Die Beobachterposition einzunehmen, bedeutet, auf das, was du wahrnimmst, nicht zu reagieren. Du schaust hin, ohne es zu beurteilen. Dadurch verändert sich ein Gedanke wie »Es ist furchtbar, dass ich keine Ahnung habe, wie ich diesen Text schreiben kann« in ein neutrales »Aha, ich weiß nicht, wie man so einen Text aufbauen und schreiben könnte«. Es bleiben nur die Fakten.

Du bewertest nichts, klammerst nichts aus und beschönigst nichts. Vielleicht hilft es dir dabei, in diese Perspektive zu wechseln, wenn du dir vorstellst, wie ein Baum im Regen und im Sonnenschein, im Frost und im Sturm zu stehen – stoisch. Oder vergegenwärtige dir eine Filmleinwand, die empfängt, was immer daraufprojiziert wird: Filmbilder, in denen geliebt und gehasst, getanzt, geflogen, gelogen, gemordet oder gerade ein Kind geboren wird. Die Leinwand nimmt alle Bilder und Gefühle entgegen und bleibt dabei doch weiß wie vorher.

In der Beobachterposition kannst du tiefer schauen als sonst. Du siehst deutlicher, wie du auf andere wirkst und wie andere Menschen tatsächlich agieren. Häufig erkennst du auch deine eigenen Motive klarer, deine Glaubenssätze und Prägungen, die dich oft, ohne dass es dir bewusst ist, steuern. Der »Filmleinwand-Modus« bietet dir die Möglichkeit, neben interessanten Erkenntnissen auch neue Lösungsansätze zu entdecken.

KONTEMPLATIONSÜBUNG:

Betrachte deinen Vorsatz aus der Beobachterposition

Schließe deine Augen, atme ein paarmal sanft ein und aus, und entspanne bewusst deinen Körper. Denke an die Situation oder Problematik, die du durch deinen Vorsatz verändern möchtest.

Dann öffne dich bereitwillig dafür, all das neutral aus einer höheren Perspektive und mit Abstand wahrzunehmen. Wie eine Leinwand, auf die irgendein Film projiziert wird. Mit cooler Gelassenheit beobachtest du das, was jetzt geschieht. Wie handelst du? Und wie die anderen? Was sagst und was denkst du? Wie ist dein innerer Zustand dabei?

Aus dieser Perspektive öffnet sich ein Raum, in dem alles sein darf und so angenommen wird, wie es eben ist. Es wird nichts von dir erwartet, und du musst keinerlei Ansprüchen genügen. Wie auch immer du dich verhältst und empfindest, du empfängst es ohne Interpretation, ohne Beurteilung. In diesem Raum brauchst du dich weder zu verstecken noch zu verbiegen, denn für den Beobachter ist es kein Problem, wenn die Umstände dich triggern. Alle deine Facetten dürfen da sein, Stärken genauso wie Schwächen. In der Beobachterposition ist stets präsent, dass all das ganz normal und menschlich ist, weil jeder seine Trigger hat, seine Ängste, seine Fehler und Schwächen. Das ermöglicht dir, den vergeblichen Kampf gegen das, was ohnehin da ist, für eine Weile ruhen zu lassen.

Erst, wenn du gelassen auch zu Fehlern und Schwächen stehst, wirst du es wagen, dich authentisch und einzigartig so zu zeigen, wie du wirklich bist. Und erst dann ist es dir möglich, ganz in dein wahres Wesen hineinzufallen. Dann bekommst du auch eine Idee davon, welche Träume, welche Größe und welches enorme Potenzial in dir schlummern.

Meist wissen wir, wie wir uns verhalten sollten, doch unsere unbewussten Programme und Prägungen triggern uns so, dass wir anders handeln. In der Beobachterposition kannst du es schaffen, die beiden Pole, das bewusste Vorhaben und die unbewussten Prägungen, gleichberechtigt nebeneinander stehen zu lassen. Denn dazu brauchst du neben Mitgefühl für dich selbst und für deine alten Verletzungen vor allem die Bereitschaft, dich selbst so anzunehmen, wie du jetzt bist.

Was siehst und erkennst du, wenn du deinen Vorsatz auf diese Weise betrachtest? Nimm dir Zeit dafür, und lasse dich überraschen.

Halte abschließend kurz die wichtigsten Erkenntnisse, die du durch diese beiden Wechsel deiner Wahrnehmungsposition – aus den Augen eines anderen und denen eines neutralen Beobachters – gewonnen hast, im Workbook fest.

Hinweis

Bei den Übungen in diesem Buch geht es nicht darum, zu erkennen, welche Erfahrungen aus deiner Vergangenheit oder deiner Kindheit der Grund sind für dein heutiges Verhalten, Empfinden und Denken. **Bleibe bei deinen Kontemplationen bitte stets ausschließlich im Jetzt.** Du betrachtest dabei ausschließlich das, was du heute denkst, fühlst oder glaubst, wenn es um die Umsetzung deines Vorsatzes geht.

Die verschiedenen Stimmen in dir

Viele Menschen denken, ein Vorsatz bestehe aus einem äußeren Ziel und den entsprechenden Handlungen, die dafür zu tun sind, es zu erreichen. Und sie wundern sich, warum es ihnen nicht gelingt, konsequent am Ball zu bleiben.

Wir alle haben verinnerlicht, dass wir eine Ich-Persönlichkeit haben: »Ich bin dieser Mensch mit den und den Eigenschaften, mit bestimmten Vorlieben und Abneigungen, Talenten und Schwächen, mit einer bestimmten Weltsicht und gewissen Idealen.« Wir glauben, mit diesem Ich identisch zu sein. Aber ist das wirklich so?

Sobald wir beginnen, uns selbst, unser Denken, Fühlen und Handeln zu beobachten, entdecken wir beispielsweise: In bestimmten Situationen oder im Kontakt mit einer bestimmten Art von Menschen gelingt es uns von einem Moment zum anderen nicht mehr, adäquat erwachsen zu reagieren. Wir schaffen es nicht, so sehr wir es auch wollen oder uns vorgenommen haben, souverän und selbstbewusst zu handeln.

Beispiele solcher Situationen sind: Das Verhalten unseres Partners, unserer Partnerin oder eines anderen uns nahestehenden Menschen macht uns rasend, sodass wir spontan Dinge sagen oder auch tun, die uns hinterher leidtun. Unsere Chefin, ein Arzt oder eine andere Autoritätsperson behandelt uns herablassend und ungerecht. Und wir lassen es, ohne zu widersprechen, über uns ergehen.

Laut dem Neurowissenschaftler Gerhard Roth[55] spielen bei Verhaltensänderungen unsere unbewussten Persönlichkeitsanteile die ent-

---

55 Gerhard Roth: Warum es so schwierig ist, sich und andere zu ändern – Persönlichkeit, Entscheidung und Verhalten. Klett-Cotta 2019.

scheidende Rolle, während unsere Vernunft beinahe keinen Einfluss darauf hat. Ein solcher Persönlichkeitsanteil ist z.B. unser inneres Schulkind, das verinnerlicht hat, dass Lernen keinen Spaß macht und dass es sicherer ist, Autoritäten nicht zu widersprechen. Oder der innere Antreiber, der stets darauf bedacht ist, Pflichten und Aufgaben zeitnah und schnell zu erledigen. Und der dabei, wenn es aus seiner Sicht notwendig ist, auch nicht davor zurückschreckt, den nächtlichen Schlaf zu stören.

Was das mit Vorsätzen zu tun hat

Das erwachsene Ich in uns beschließt beispielsweise, täglich 15 Minuten Gymnastik speziell für den Rücken zu machen oder beim abendlichen Fernsehen keine Kartoffelchips mehr zu essen. Denn es erkennt, welche Verhaltensweisen und Angewohnheiten auf Dauer schädlich für uns oder unsere Gesundheit sind. Nur: Das, was wir uns vernünftig überlegen und fest planen, und das, was wir dann tatsächlich tun, sind vielfach zwei völlig verschiedene Dinge.

Wenn dir die Umsetzung eines Vorsatzes nicht gelingen will, achte auf deine Gefühle

Sobald du bei Aktionen, die für das Erreichen deines Vorsatzes notwendig wären, ärgerlich wirst, dich hilflos oder gestresst fühlst, halte inne. Beachte den alten Schmerz in dir, der endlich gesehen und beruhigt werden möchte. Es bringt nichts, die Gefühle zu unterdrücken oder zu ignorieren. Im Gegenteil: Das wird die Schwungkraft, die du für die Verwirklichung eines Vorsatzes brauchst, ausbremsen.

In der nächsten Übung geht es darum, deinen inneren Zustand so, wie er jetzt eben ist, bewusst wahrzunehmen und auch anzunehmen. Du wirst erleben, wie das schon deine negativen Gefühle besänftigt. Sinn dieser Übung ist auch, dir bewusst zu machen: »Das, was ich erlebe, sind die Empfindungen eines Persönlichkeitsanteils in mir. Ich bin insgesamt viel größer und mehr als das.« Und eventuell wirst du im Verlauf der Übung auch erkennen, was du an deiner Vorsatzstrategie anpassen könntest, damit die Umsetzung attraktiver und stimmiger für dich bzw. den Anteil von dir wird, der der Umsetzung im Weg steht.

 ## KONTEMPLATIONSÜBUNG:

Nimm deine Unlust und deine Widerstände in den Arm

Wenn du bemerkst, dass bei dem, was du tun musst, um deine Vision wahr zu machen, Unmut entsteht, dann halte inne. Mache keinesfalls so weiter, als wäre nichts geschehen. Gib deinem unangenehmen Gefühl Raum.

Suche dir dafür einen Ort, an dem du ungestört bist. Schließe deine Augen, und atme ein paarmal sanft tief ein und aus. Dann lasse den Atem fließen, wie er will. Spüre nach: Wo in deinem Körper sitzt dieses Gefühl? Wie fühlt es sich an? Hart vielleicht, heiß oder kalt? Welche Farbe hat es? Und welche Gedanken sind damit verbunden?

Und dann erlaube es, ohne etwas verändern zu wollen, ohne dagegen anzugehen, ohne dich oder den entsprechenden Persönlichkeitsanteil zu be- oder verurteilen. Denn auch das bist du. Nimm es einfach wahr. Wechsle dazu in die neutrale Beobachterposition, und mache dir bewusst: »Auch das gehört zu mir. Es darf da sein. Es ist aufgrund meiner Vergangenheit und meiner Prägungen entstanden und heute ein Teil von mir.«

Nimm jetzt dieses Gefühl bzw. diesen Persönlichkeitsanteil in den Arm. So, wie eine liebevolle Mutter oder ein liebevoller Vater sein weinendes Kind voller Mitgefühl umarmen und vielleicht auch wiegen würde. Und wie dieser Elternteil seinem Kind zuhört oder genau hinschaut, um zu verstehen, warum es sich gerade auf diese Weise verhält, so hörst auch du jetzt hin und beobachtest, was deinen Persönlichkeitsanteil in den Widerstand bringt.

In einem solchen Moment stellt ein liebender Elternteil vorüber-gehend zurück, wie wichtig es ist, dass das Kind auf Dauer eine bestimmte neue Gewohnheit erlernt. Eine Verhaltensweise, gegen die es sich gerade wehrt, z. B., sich jeden Abend die Zähne zu putzen oder sich im Winter Wollhandschuhe anzuziehen. Oder, wie in deinem Fall, die Disziplin aufzubringen, ganz bestimmte Dinge regelmäßig zu tun, um einen Vorsatz zu verwirklichen.

Jetzt, in diesem Moment, da das (innere) Kind im Schmerz oder im Widerstand ist, kann die (innere) Mutter auch verstehen, dass dieser emotionale Persönlichkeitsanteil die Weitsicht nicht hat. Sie hört erst einmal zu, was er mitteilen möchte. Und sie hält ihn fest in ihrem Arm, wenn er sich gerade verlassen oder hilflos fühlt. Denn sie weiß auch – weil das bei allen Kindern so ist –, dass er sich nach einer Weile echter Anteilnahme von allein wieder beruhigen wird. Und dass er sich dann mit unbändiger Kraft und neuem Schwung ins nächste Abenteuer stürzen wird.

Ähnlich gibst du nun in deiner Vorstellung deinem unzufriedenen Persönlichkeitsanteil die Zuwendung und den Halt, die er gerade braucht. Oft geht es ihm nur darum, endlich angenommen, gesehen und gehört zu werden. Lasse dir dabei so viel Zeit, wie du brauchst. Dann kehrst du behutsam und in deinem Tempo in die Realität zurück. Atme dazu ein paarmal tief durch, und öffne die Augen. Bewege deine Finger, die Hände und Füße. Lege deine linke Hand auf das rechte Knie und umgekehrt. Danke innerlich für das, was du empfangen hast.

Wenn du daran glaubst, klappt es auch

Je länger du konsequent und regelmäßig die für deinen Vorsatz erforderlichen Handlungen durchführst, desto größer wird dein Zutrauen zu dir selbst. Aber das Umgekehrte gilt genauso: Eine vertrauensvolle Zuversicht, dass du es schaffen wirst, deinen Vorsatz wahr zu machen, ist die ideale Voraussetzung dafür, dass es dir auch tatsächlich gelingt.

Beim Umsetzen von Plänen spielt auch die emotionale Aufladung eine Rolle. Beispielsweise der Grad der Angst, wenn es um das Bestehen einer Prüfung geht, oder der Grad des Selbstzweifels, wenn es darum geht, sich konsequent anders zu verhalten als bisher. Je mehr Angst du hast oder je mehr du daran zweifelst, es schaffen zu können, desto schwieriger wird es, deinen Vorsatz zu verwirklichen. Wenn eine Situation dich schon länger belastet, ist es schwieriger, deine alte Einschätzung dieser Situation zu verändern. Umso hartnäckiger und hypnotisierender sind dann alte Glaubenssätze, und umso schwieriger ist es, dich motiviert und zuversichtlich an die erforderlichen Handlungsschritte zu machen und ausdauernd dabeizubleiben. Deshalb geht es in diesem Abschnitt um behindernde Glaubenssätze und darum, wie es gelingt, sie aufzulösen oder wenigstens abzumildern.

Alte Überzeugungen vereiteln, dass wir bisher noch ungenutzte Potenziale in uns erkennen und uns vertrauensvoll dem zuwenden, was wir bisher noch nicht kennen. Deshalb erfahren wir das, was wir schon früher erlebt haben, immer wieder aufs Neue.

Ja, so hast du das bisher erlebt. Aber es muss nicht auch das sein, was du in Zukunft wieder erlebst. Öffne dich für die Möglichkeit völlig neuer Erfahrungen, gerade, wenn es um deine Vorsätze, also um eine Veränderung deines bisherigen Lebens geht.

Gut gelaunt zu sein, reicht

Allein schon in guter, positiver Stimmung zu sein, steigert das Leistungsvermögen. In einer Studie konnten Schüler*innen, die vor einem Mathetest in eine zuversichtliche Stimmung versetzt wurden, deutlich mehr Aufgaben lösen als die Schüler*innen in der neutralen Kontrollgruppe.[56]

Was kann deine Stimmung heben?

Womit könntest du deine Stimmung heben, kurz bevor du dich an die Umsetzung deiner Wunschhandlung machst? Mir hilft es, wenn ich einige Minuten lang fröhliche Musik höre, vielleicht auch dazu tanze. Andere schauen sich im Internet ein lustiges Video an, spielen oder schmusen mit ihrem Haustier. Für ein paar Minuten hinaus in die Natur zu gehen, hilft einigen, anderen, durchs Fenster die Wolken zu beobachten. Was hebt deine Stimmung?

---

56 Tanis Bryan, James Bryan: Positive Mood and Math Performance. In: Journal of Learning Disabilities 24 1991, S. 490–494.

Unsere innere Einstellung entscheidet mit über den Erfolg oder Misserfolg. Viele Menschen glauben, wenn sie sich nur genügend anstrengen, könnten sie es schaffen, abzunehmen, regelmäßiger aufzuräumen oder abends früher ins Bett zu gehen. Fakt ist jedoch, dass man auch mit viel Anstrengung höchstwahrscheinlich keine guten Erfolge erzielen wird, solange man beispielsweise eine für den Vorsatz erforderliche Tätigkeit innerlich ablehnt.

Alles, was wir erleben, und auch das, was wir zu tun haben, bewerten wir auf der Basis früherer Erfahrungen, ohne dass uns dies immer bewusst ist. Glaubenssätze sind feste Überzeugungen, die wir im Laufe unseres Lebens verinnerlicht haben. Wir haben beispielsweise eine feste Meinung darüber, wie gut es uns gelingt, Ordnung zu halten, oder wie sportlich wir sind, wir schwer uns bestimmte Tätigkeiten fallen oder wie durchsetzungsstark wir sind. Alte, behindernde Glaubenssätze aufzulösen, erleichtert die Veränderung von Gewohnheiten. Das ist wissenschaftlich belegt.[57] Deshalb solltest du die Glaubenssätze kennen, die deinem Vorsatz im Weg stehen. Und sie durch neue, aufbauende Gedanken ersetzen. Warum solltest du dich weiterhin von einem schon lange nicht mehr passenden Gedanken steuern lassen? Du kannst dich auf der Basis deiner heutigen Erfahrungen und Kenntnisse neu entscheiden. Dafür ist es zunächst erforderlich, dir deiner eigenen Denkmuster bewusst zu werden. Manchmal reicht das allein schon aus, um dich von Programmen aus der Vergangenheit zu verabschieden.

---

57 Carden, Wendy Wood: Habit formation and change. In: Current Opinion in Behavioral Sciences Vol. 20 2018, S. 117–122. https://www.researchgate.net/publication/322222649_Habit_Formation_and_Change, letzter Abruf 23.09.21.

Beispiele von Glaubenssätzen, die Vorsätze vereiteln:

- »Ich will ja unbedingt abnehmen, aber ich kann einfach nicht ohne mein Stückchen Kuchen am Nachmittag/mein Bierchen am Abend.«

- »Das eine Bierchen/Stückchen Kuchen schadet ja nix.«

- »In unserer Familie sind schon immer alle Frauen nach der Geburt ihres ersten Kindes übergewichtig geblieben, das habe ich geerbt.«

- »Ich will in meinem Psychologiestudium unbedingt alle Klausuren mit guten Noten ablegen, aber die Statistik liegt mir wirklich nicht. Mathematik war für mich schon in der Schule ein Buch mit sieben Siegeln.«

- »Ich bin nicht willensstark genug, um täglich …«

- »Ich habe nicht die Geduld, um …«

- »Es ist einfach extrem schwer, …«

Solche Glaubenssätze verhindern, dass wir überhaupt erkennen, wenn sich uns eine neue Möglichkeit oder eine großartige Unterstützung auftut. Ihretwegen finden wir nie heraus, dass und wie eine bestimmte Tätigkeit oder ein bestimmtes Verhalten viel leichter erlernt werden kann, als wir immer dachten.

Beachte deshalb bei deinen täglichen Handlungen zur Umsetzung deiner Vision immer auch deine Gefühle. Wenn du Unlust, Widerstand, Stress oder Angst bemerkst, unterbrich erst einmal das, was du gerade tust. Schließe für einen Moment die Augen, lege deine Hände auf deinen Bauch oder das Herz, spüre und forsche nach. Was denkst du gerade? Woran glaubst du? Welchen Gedanken und welchen Glaubenssatz hast du jetzt gerade im Kopf? Schreibe dir diese Gedanken am besten sofort auf.

Welche alten Überzeugungen stehen dir bei der Umsetzung deines Vorsatzes im Weg? Notiere sie in deinem Workbook.

 ÜBUNG:

Was denkst und glaubst du, wenn dir die Umsetzung deines Vorsatzes schwerfällt?

Das folgende innere Bild kann helfen, alten Glaubenssätzen auf die Spur zu kommen. Lies dir den kurzen Text zuerst durch, und folge dann mit geschlossenen Augen dem inneren Bild.

Stelle dir vor, du befindest dich auf dem Weg zu deinem großen Ziel. Plötzlich merkst du, wie schwer jeder Schritt ist und welche ungeheure Anstrengung es dich kostet, diesen Weg zu gehen.

Warum ist das so? Forsche jetzt nach dem Grund. Finde intuitiv-spielerisch ein inneres Bild oder ein Symbol, das ausdrückt, was es dir so schwermacht. Vielleicht hast du zu viel Gepäck dabei. Oder dir sind Bleigewichte an die Fußknöchel gebunden. Vielleicht ziehst du einen schwergängigen und voll beladenen Bollerwagen hinter dir her. Was trägst du da alles mit dir herum?

Das könnten alte Zweifel sein oder Enttäuschungen aus früheren Situationen, in denen du nicht geschafft hast, was du geplant hattest. Oder es ist etwas, was du als Kind in deiner Familie erlebt und erlernt hast, z. B.:

- **»In unserer Familie hat noch nie jemand studiert/ein Buch geschrieben. Wir sind für Kopfarbeit nicht gemacht.«**

- **»Wir Brommlers waren schon immer mollig, und alle Frauen in unserer Familie haben spätestens nach der Geburt ihres ersten Kindes 20 kg zugelegt, das liegt in unseren Genen.«**

Welche alte Überzeugung lebt in dir, die dich jetzt gerade in der Umsetzung deines Vorhabens behindert? Notiere sie in deinem Workbook bei den alten Glaubenssätzen.

Alte Glaubenssätze durch Fakten entkräften

Auf Basis von Glaubenssätzen bewerten wir aktuelle Situationen nach Kriterien, die oftmals gar nicht mehr unserer heutigen Wirklichkeit entsprechen. Deshalb lassen sich solche alten Überzeugungen in vielen Fällen mithilfe von realen Fakten entmachten. Sobald du einen negativen Glaubenssatz bemerkst, solltest du überprüfen, ob das Gedankenkonzept tatsächlich noch deiner heutigen Realität entspricht. Mit etwas Nachdenken werden dir vermutlich stichhaltige Gegenargumente und Lebenserfahrungen einfallen, die etwas anderes belegen.

Beispiele dafür wären:

- **»Im Sport habe ich doch auch Ausdauer und trainiere fünf Mal in der Woche.«**

- **»Seitdem wir den Hund haben, stehe ich sogar mit Freude täglich eine Stunde früher auf, um mit ihm noch vor der Arbeit Gassi zu gehen.«**

- **»Als ich schwanger war, habe ich monatelang keinen Alkohol getrunken.«**

Das, was du in Bezug auf deinen Vorsatz befürchtest, mit der Realität, wie sie heute ist, abzugleichen, fällt leichter, wenn du deine Perspektive veränderst (wie du es schon im Abschnitt *Den Vorsatz mit anderen Augen betrachten* kennengelernt hast).

Alte Glaubenssätze durch Fakten entkräften

Welche Befürchtung hast du in Bezug auf deinen Vorsatz und das, was du ändern bzw. tun musst, um ihn wahr zu machen? Glaubst du, es wird sehr anstrengend, unbequem oder zu schwierig für dich, wenn du beginnst, diszipliniert an deinem Ziel zu arbeiten? Achte auf solche Gedanken. Oft kannst du sie dann in dir entdecken, wenn du ein mulmiges Gefühl hast.

Nimm dir einen Moment Zeit, um innerlich zur Ruhe zu kommen. Wechsle dann in die neutrale Beobachterposition, und überprüfe: »Sind diese negativen Erwartungen wirklich berechtigt? Bringt es mir irgendeinen Vorteil, weiterhin an dieser alten Einschätzung festzuhalten?« Frage den Beobachter oder die Beobachterin in dir weiter: »Welche Fähigkeit oder Eigenschaft wäre jetzt hilfreich?« Es ist in deiner Vorstellung möglich, diese dir vielleicht bislang noch nicht zugängliche Qualität – Ausdauer, Geduld, Zuversicht oder Lernbereitschaft – in Form einer bunten Lichtenergie in die betreffende Situation zu schicken. Welche Tugend brauchst du? Und welche Farbe hat sie?

Gibt es vielleicht auch irgendeinen anderen Persönlichkeitsanteil in dir, eine andere Stimme, die dieselbe Situation ganz entspannt und voller Selbstvertrauen beurteilt? Falls ja, wechsle nun deinen Blickwinkel entsprechend: Betrachte die Situation, die das mulmige Gefühl in dir ausgelöst hat, mit den Augen dieses anderen, zuversichtlichen Persönlichkeitsanteils. Was denkt er darüber? Wie würde er agieren? Und dann beobachte, wie sich durch diese neue Sicht und Einschätzung auch für den bisher widerständigen Persönlichkeitsanteil in dir etwas zu verändern beginnt.

Hier kommen noch zwei weitere Übungen, mit denen du alte Glaubenssätze aufweichen und verändern kannst.

ÜBUNG:

Alte Glaubenssätze platzen lassen

Du benötigst für diese Übung Papier und einen Schreibstift, einen Luftballon, einen Permanentmarker und eine Nadel.

Bevor du die Übung durchführst, lies dir den Anleitungstext zunächst ganz durch. Beim zweiten Lesen kannst du sie parallel mitmachen. Am besten legst du nach jedem Punkt eine kleine Pause ein, um das Gelesene umzusetzen.

Öffne im Workbook die Stelle, wo du die Glaubenssätze, die die Umsetzung deines Vorsatzes behindern, notiert hast. Falls du sie noch nicht eingetragen hast, notiere jetzt deine Überzeugungen, die die Umsetzung deines Vorsatzes untergraben.

Blase den Luftballon auf, und schreibe mit dem Permanentmarker deine Glaubenssätze auf seine Oberfläche. Wenn du möchtest, kannst du noch ergänzen: »Alle Glaubenssätze, die meinen Erfolg verhindern.«

Halte nun den beschrifteten Ballon in der einen, die Nadel in der anderen Hand. Schließe für einen kurzen Moment die Augen, atme ein paarmal bewusst ein und aus. Entspanne deinen Schultern, den Unterkiefer und dein ganzes Gesicht.

Öffne die Augen wieder, lies noch einmal die Glaubenssätze auf dem Ballon, und lasse dabei kurz Revue passieren, wie stark und in welcher Form diese deinen Erfolg behindern. Jetzt fasst du den festen Entschluss, das ein für alle Mal zu beenden.

Zähle laut bis drei, und bei »drei« stichst du die Nadel mit Schwung in den Ballon. Spüre nach: Unmittelbar nach dem Knall bist du im idealen Zustand, um dein Unterbewusstsein umzuprogrammieren. Jetzt fällt es dir leicht, schnell konstruktive Umkehrungen deiner bisherigen Glaubenssätze zu finden. Welche neuen, kraftvollen Überzeugungen sind geeignet, den Platz einzunehmen, der beim Platzen des Ballons frei geworden ist? Schreibe sie so schnell auf, wie es dir möglich ist. Das spontane und schnelle Schreiben direkt nach dem Knall ist wichtig.

Beispiele wären:

- **»Ich weiß, ich schaffe das.«**
- **»Ich bin definitiv willensstark genug, um täglich/regelmäßig ...«**
- **»Jeden Tag fällt es mir leichter, zu ...«**

Notiere im Workbook, welche kraftvollen Sätze du für dich gefunden hast.

VISUALISIERUNG:

Die Kraft der neuen Glaubenssätze stärken

Die alten, uns blockierenden und die neuen, Kraft gebenden Glaubenssätze sind zwei Pole derselben Skala.

Diese Übung arbeitet mit dem inneren Bild eines Schiebereglers, wie man ihn z. B. von Mischpulten kennt. Stelle dir einen solchen Schieberegler vor mit einer Skala, deren unteres Ende dein alter und deren oberes Ende dein neuer Glaubenssatz bildet. In deiner Vorstellung kannst du nun den Regler von ganz unten nach ganz oben schieben.

Ich finde immer eine Lösung!

Ich finde immer eine Lösung!

Ich bekomme das nicht hin!

Ich bekomme das nicht hin!

Wann immer du merkst, dass du zweifelst oder einen Motivations-schub für deinen Vorsatz brauchst, kannst du mit diesem Bild arbei-ten, um deinen neuen Glaubenssatz wieder zu stärken. Sobald du ein paarmal damit gearbeitet hast, dauert es nur wenige Sekunden. Für manche Menschen verstärkt sich die Wirkung noch, wenn sie sich beim Hochschieben des Reglers ein Schscht-Geräusch vorstel-len oder es selbst tönen.

Achte, wenn du diese Übung machst, darauf, was du anschließend anders empfindest und erlebst als vorher. Viele von uns wurden darauf konditioniert, ständig danach Ausschau zu halten, was ihnen nicht gefällt. Ich weiß aus eigener Erfahrung, dass man dies selbst erst bemerkt, wenn man anfängt, bewusst darauf zu achten, wie häufig man jeden Tag über irgendetwas schimpft oder sich beklagt. Da du gerade dabei bist, deine alten Glaubenssätze zu transformieren, fange an, auf Situationen zu achten, in denen es mit deinem Vorsatz besonders gut läuft.

Mache dir z. B. bewusst: »Ich esse jetzt jeden Tag einen Apfel«, anstatt den Fokus auf »Aber ich trinke immer noch Limonade« zu richten. Mache dir immer wieder bewusst, wie weit du mit deinem Vorsatz schon gekommen bist, und schaue nicht darauf, was noch nicht perfekt ist.

GESCHAFFT!

Jetzt kennst du die Stolpersteine, die der erfolgreichen Umsetzung deines Vorsatzes im Weg stehen. Und du weißt, wie du sie geschickt und relativ leicht umgehen kannst.

Du kannst stolz auf dich sein, denn du bist jetzt an einem Punkt, den viele andere nicht erreichen: Du weißt, wie du deinen Vorsatz motivierend und Erfolg versprechend formulierst. Und du kennst Methoden und hilfreiche Tricks, mit denen es dir gelingt, ihn garantiert zum Erfolg zu bringen. Du weißt auch, was du tun kannst und was dir weiterhelfen wird, wenn es bei der Umsetzung zwischenzeitlich einmal mühsam werden sollte.

Ich wünsche dir von ganzem Herzen, dass du mit dem Wissen, den Übungen und den Tricks aus diesem Buch dein Verhalten, alte Angewohnheiten und damit deine Lebenssituation so veränderst und bereicherst, wie du es dir schon lange wünschst.

In dir steckt so viel mehr, als du heute glaubst!

ÜBER DIE AUTORIN

Prof. Dr. Kira Klenke musste in ihrer Jugend häufig schmerzhaft erfahren, dass das Leben nicht so lief, wie sie es sich gewünscht hätte. Das war der Auslöser dafür, dass sie sich bereits als junge Frau auf die Suche nach Wegen machte, das Leben so zu gestalten, dass es für sie stimmig und sinnvoll ist.

Unter anderem hat sie mit 25 Jahren das kreativ-intuitive Schreiben als wunderbare Möglichkeit der Selbstreflexion und als Werkzeug des Selbstcoachings kennen- und lieben gelernt. Mit 26 Jahren besuchte sie ihren ersten NLP-Kurs. Das Neurolinguistische Programmieren ist ein Werkzeugkasten mit Techniken, die helfen, die eigene Wahrnehmung zu schärfen, bewusster mit Gefühlen umzugehen, alte, blockierende Denk- und Verhaltensweisen zu verändern und zielorientierte Lösungen zu finden und umzusetzen. Seit 1993 ist Kira Klenke zertifizierte Lehrtrainerin des deutschen Verbandes für Neurolinguistisches Programmieren (DVNLP).

24 Jahre lang war sie Professorin für Statistik an der Hochschule Hannover. Als solche war sie dafür bekannt, dass in ihren Lehrveranstaltungen auch Menschen mit Angst vor allem Mathematischem den Zugang zu dem für sie schwierigen Fach und ein neues Selbstvertrauen in ihre Fähigkeiten finden konnten. Die pensionierte Professorin ist heute Autorin von Selbsthilfe-Ratgebern. Diese unterstützen Menschen dabei, ihre eigenen, individuell maßgeschneiderten Lösungen zu finden. Damit sie das realisieren und leben können, wovon sie träumen und was ihnen zusteht.

www.kiraklenke.de

ANHANG

Verzeichnis der Übungen

Vorsatz-Workbook

In diesem Workbook kannst du parallel zum Lesen des Buches deine Einsichten und Ideen notieren. So entsteht Schritt für Schritt eine Zusammenstellung *deiner persönlichen* Strategien und Werkzeuge, die dich ermutigen, motivieren und dabei unterstützen, dein Ziel diesmal wirklich zu erreichen.

Deine Erkenntnisse und Einfälle zwischendurch kurz in Stichworten festzuhalten, kostet dich nur wenige Minuten. Aber wenn du am Ende des Buches angelangt bist und das Workbook unterwegs kontinuierlich gefüllt hast, hast du alle für deinen Vorsatz erforderlichen Handlungsschritte und die ideal zu dir persönlich passenden Strategien und Durchhaltetricks übersichtlich gesammelt.

Erste Formulierung des Vorsatzes, den ich verwirklichen möchte:

Diese Erinnerungen löst das Thema »Sich unbedacht zum falschen Zeitpunkt einem unpassenden Vorsatz verpflichten« bei mir aus:

Glaubenssätze, die durch diese Erfahrung entstanden sind:

_____

_____

_____

So werde ich mich fühlen, denken und handeln, wenn ich meinen
Vorsatz wahr gemacht habe:

_____

_____

_____

Diese neuen Möglichkeiten eröffnen sich mir dann:

_____

_____

_____

Meine Vorsatz-Formulierung nach den vier KIRA-Kriterien
(ergänzt durch die attraktiven Auswirkungen):

_____

_____

Ich beginne damit am __.__.____ (Datum).

Meine zwei bis vier wichtigsten Werte sind:

_____

_____

_____

_____

So gelingt es, meinen Vorsatz wirklich umzusetzen

Meine erste Afformations-Frage:

_____

Als Antwort darauf habe ich erhalten:

_____

_____

Das eine Wort, das ich als Erinnerungsstütze für meinen Vorsatz wähle, ist:

_____

Mein Ja!-Satz: _____

_____

Welche alte Gewohnheit steht meinem Vorsatz im Weg? Und welches neue Verhalten ist geeignet, sie zu ersetzen?

_____

_____

_____

_____

_____

Meine Trigger-Handlungs-Kombination:

Nachdem _____
(mein Triggermoment), werde ich

_____

(Minihandlung, die für die Verwirklichung meines Vorsatzes notwendig ist)

Für meinen Vorsatz sind folgende Minihandlungen denkbar:

_____

_____

_____

_____

_____

So kann ich mein derzeitiges Umfeld umgestalten, damit ich meinen Triggern weniger oder gar nicht mehr ausgesetzt bin:

_____

_____

Das könnte ich in meiner Situation tun, um es mir vorausschauend selbst unmöglich zu machen, Versuchungen zu erliegen:

_____

_____

_____

Meine 20-Sekunden-Idee: Diese Angewohnheit macht mir die Umsetzung meines Vorsatzes schwer:

_____

_____

Das kann ich verändern, damit die alte Angewohnheit mühsamer wird als das neue, von mir angestrebte Verhalten:

_____

_____

Das werde ich umsetzen ab: __.__.____ (Datum).

So könnte ich die 5-Sekunden-Regel für meinen Vorsatz nutzen:

_____

_____

Mein Temptation-Bundling: Eine Tätigkeit, die für das Erreichen meines Vorsatzes erforderlich ist, die ich aber nicht gern mache:

_____

_____

Meine Versuchungen:

_____

_____

So werde ich die Vorsatz-Tätigkeit mit einer Versuchung verknüpfen:

_____

_____

_____

_____

Das setze ich um ab __.__.____ (Datum).

Troubleshooting: Was mir hilft, wenn mir die Umsetzung des Vorsatzes einmal schwerfällt

Für den Fall, dass ich zwischenzeitlich Unlust, Zweifel oder Widerstand verspüre, habe ich die folgende(n) Übung(en) aus dem Troubleshooting-Kapitel ausgewählt:

Ich habe meinen Vorsatz mit anderen Augen und aus der Beobachterposition betrachtet und dabei Folgendes erkannt:

Glaubenssätze, die der Umsetzung meines Vorsatzes im Weg stehen:

Meine neuen, kraftvollen Glaubenssätze:

_____

_____

_____

_____

_____

Kopiervorlagen

Zeittracker

Ab sofort werde ich _____ Minuten täglich _____
(trage hier die geplante Aktivität ein).

Teile deine Minutenzahl durch 10. Das ist deine persönliche Zeitspanne, für die hier jeweils eins der Ziffernblätter steht. Jedes Mal, wenn du deinen Vorsatz für diesen Zeitraum umgesetzt hast, male eins der Symbole aus. Es ist auch möglich, es nur halb oder zu einem Viertel auszumalen.

Abends erfasst du in der zweiten Spalte, wie du dich an dem Tag mental, körperlich und emotional gefühlt hast. Markiere dazu in der Gefühlsskala das entsprechende Gesicht.

MO

DI

MI

DO

FR

SA

SO

Ausdauertracker

Markiere den Level deiner Ausdauer mit einem kleinen Pfeil.

	Grund dafür könnte sein:	Was ich daraus lerne:
Montag		
Dienstag		
Mittwoch		
Donnerstag		
Freitag		
Samstag		
Sonntag		

In dir steckt so viel mehr, als du heute glaubst. Willst du es, wirst du es auch schaffen!

Prof. Dr. Kira Klenke

148

Trinktracker

Ab sofort 2 Liter Wasser täglich trinken!

Male für jedes 200-ml-Glas Wasser, das du getrunken hast, eines der Glassymbole aus. Falls es nur 100 ml waren, kannst du das Glas auch nur halb ausmalen.

Abends erfasst du in der zweiten Spalte, wie du dich an dem Tag mental, körperlich und emotional gefühlt hast. Markiere dazu in der Gefühlsskala die entsprechende Stelle.

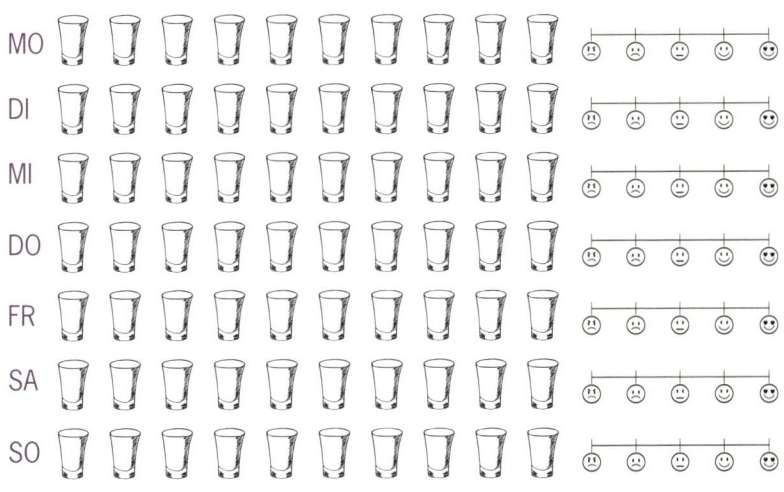

MO

DI

MI

DO

FR

SA

SO

Abendlicher Vorsatztracker

An den Tagen, an denen du dich um deinen Vorsatz gekümmert habe, fülle den Kreis bunt aus.

		Das hat heute meine Schwungkraft unterstützt oder ausgebremst:	Was ich deshalb morgen (anders) mache:
Montag	○		
Dienstag	○		
Mittwoch	○		
Donnerstag	○		
Freitag	○		
Samstag	○		
Sonntag	○		

Bildnachweis

Bilder von der Bilddatenbank www.shutterstock.com

Layoutelemente: Uhr: #1650125056 (© Viktoria Kurpas), Notizzettel: #1655658511 (© Rostik Solonenko), Stift: #1064156471 (© Viktoria Kurpas), Hand und Notizblock bei Übungen: #1841697313 (© GoodStudio)

S. 13: #1801272304 (© Viktoria Kurpas), S. 14/24/136: #1069219946 (© Viktoria Kurpas), S. 15: #794393641 (© Viktoria Kurpas), S. 16: ##1401899423 (© Viktoria Kurpas), S. 16/26: #1334736827 (© Viktoria Kurpas), S. 21: #1751169785 (© Viktoria Kurpas), S. 32: #1854546364 (© Viktoria Kurpas), S. 35/133/134: #1107093413 (© Viktoria Kurpas), S. 35/49: #1420157351 (© Viktoria Kurpas), S. 36: #1465870268 (© Viktoria Kurpas), #1739846909 (© Viktoria Kurpas), S. 45: #1104462209 (© Viktoria Kurpas), S. 48: #1059204248 (© Viktoria Kurpas), S. 53: #1283003965 (© Viktoria Kurpas), S. 56: #1590177853 (© Viktoria Kurpas), S. 58: #1303169914 (© Viktoria Kurpas), S. 60: #1361963687 (© Viktoria Kurpas), S. 69: #1099569482 (© Viktoria Kurpas), S. 71: #1045227865 (© Viktoria Kurpas), S. 74: #1321095014 (© Iana Skakun), S. 78: #1362302843 (© Viktoria Kurpas), S. 83: #1863703216 (© Viktoria Kurpas), S. 87: #1401899423 (© Viktoria Kurpas), S. 91: #1284042667 (© Viktoria Kurpas), S. 93/147: #197365352 (© Viktoria Kurpas), #1650125056 (© Viktoria Kurpas), #222284911 (© jeedlove), #1767398216 (© Vector bucket), S. 94/184: #1150237265 (© VovanIvanovich), S. 96: #1089338360 (© Viktoria Kurpas), S. 103: #1461270152 (© Viktoria Kurpas), S. 107: #1854553027 (© Viktoria Kurpas), S. 108: #1519641572 (© Viktoria Kurpas), S. 111: #1751145278 (© Viktoria Kurpas), S. 114: #1751172809 (© Viktoria Kurpas), S. 116: #1550923238 (© Viktoria Kurpas), S. 123: #1315423148 (© Viktoria Kurpas), S. 127/133/134: #1240127524 (© Viktoria Kurpas), S. 133/134: #1772545070 (© AnyaPL), S. 135: #1463589374 (© Viktoria Kurpas), S. 146: #1401899423 (© Viktoria Kurpas), S. 148: #1404873173 (© Viktoria Kurpas), S. 149: #1561936315 (© LilitaBast), #1767398216 (© Vector bucket), #1064156471 (© Viktoria Kurpas), S. 150: #1013772571 (© Evgenii Skorniakov)

AUTOR WERDEN IST GAR NICHT SO SCHWER

Dr. Kira Klenke

Endlich Autor!

Verblüffend schnell zum eigenen Sachbuch-Manuskript

136 Seiten
ISBN 978-3-8434-1464-7

Wartet auch in Ihrer Schublade ein angefangenes Manuskript? Haben Ihr innerer Schweinehund und Ihr innerer Kritiker irgendwann gesiegt, und seither liegt das Projekt »Autor werden« auf Eis?

Das geht auch anders! Die erfahrene und erfolgreiche Autorin Dr. Kira Klenke weiß genau, welche hinderlichen Überzeugungen über das Bücherschreiben die meisten Schriftsteller von morgen davon abhalten, ihre Ideen und Notizen in ein vollendetes Buch zu verwandeln. Sie zeigt Ihnen, wie Sie mit intuitiv-kreativem Schreiben die Blockaden überwinden und Ihre Motivation so ankurbeln, dass Sie nicht mehr aufzuhalten sind.

Schirner Verlag